实践技能课程系列教材

# 幼儿园教师口语与礼仪实训教程

主　编　刘　妍
副主编　任　萍　田秋梅　韩　影

黑龙江大学出版社
HEILONGJIANG UNIVERSITY PRESS
哈尔滨

图书在版编目（CIP）数据

幼儿园教师口语与礼仪实训教程 / 刘妍主编；任萍，田秋梅，韩影副主编． -- 哈尔滨：黑龙江大学出版社，2024. 8. -- ISBN 978-7-5686-0716-2

Ⅰ．H193.2；G615

中国国家版本馆 CIP 数据核字第 2024654HG5 号

## 幼儿园教师口语与礼仪实训教程
YOU'ERYUAN JIAOSHI KOUYU YU LIYI SHIXUN JIAOCHENG

主　编　刘　妍
副主编　任　萍　田秋梅　韩　影

| | |
|---|---|
| 责任编辑 | 周志国　戴谨宇 |
| 出版发行 | 黑龙江大学出版社 |
| 地　　址 | 哈尔滨市南岗区学府三道街 36 号 |
| 印　　刷 | 天津创先河普业印刷有限公司 |
| 开　　本 | 720 毫米 ×1000 毫米　1/16 |
| 印　　张 | 12.75 |
| 字　　数 | 224 千 |
| 版　　次 | 2024 年 8 月第 1 版 |
| 印　　次 | 2024 年 8 月第 1 次印刷 |
| 书　　号 | ISBN 978-7-5686-0716-2 |
| 定　　价 | 39.00 元 |

本书如有印装错误请与本社联系更换，联系电话：0451-86608666。

版权所有　侵权必究

# 前　言

古语有云："不学礼，无以立。"良好的礼仪修养不仅彰显个人素质，更是立德树人的时代要求。幼儿园教师的口语和礼仪蕴含内在的道德规范。2021年发布的《学前教育专业师范生教师职业能力标准（试行）》在"师德践行能力"部分明确了对"自身修养"的要求："仪表整洁，语言规范健康，举止文明礼貌，符合教师礼仪要求和教育教学场景要求。"在"自主发展能力"部分的"沟通技能"方面，标准提出："具备阅读理解能力、语言与文字表达能力、交流沟通能力、信息获取和处理能力。掌握基本沟通合作技能与方法，能够在教育实践、社会实践中与同事、同行、专家等进行有效沟通交流。"由此可见，幼儿园教师的口语和礼仪是学前教育专业师范生不可或缺的职业能力。

我国学前教育事业正处于关键的转型阶段。相关政策的出台，对学前教师教育的标准与质量提出了明确的要求，规范了新时代幼儿园教师应具备的职业素养和专业能力。在这一背景下，我国众多师范类院校的学前教育专业纷纷开展了本科人才培养的提档升级改革试点工作。2018年《教育部关于实施卓越教师培养计划2.0的意见》明确指出，"到2035年，师范生的综合素质、专业化水平和创新能力显著提升"，并强调要"强化师范生教学基本功和教学技能训练与考核"。然而，目前我国关于卓越幼儿园教师口语与礼仪的实训教材尚显不足。本实训教程是在绥化学院积极推进卓越幼儿园教师培养计划的背景下编写的，旨在全面提升卓越幼儿园教师的人才培养质量，秉持"立德树人，追求卓越，加强实践，服务地方"的宗旨，旨在培养出"师德高尚、理念先进、业务精湛、锐意创新"的高素质专业化幼儿园教师。卓越幼儿园教师的培养重点体现在"师德高尚""专业过硬""技能娴熟""仪表儒雅"几方面。《幼儿园教师口语与礼仪实训教程》对于培养未来幼儿园教师的职业技能和提升专业素质具有重要作用。它不仅能够促进师范生的专业成长，还能推动师范院校学前教育专业课程与教学的改革,并在很大程度上促进基础教育的发展。

　　本实训教程是在绥化学院应用型人才培养目标指引下编写的,旨在培养卓越的幼儿园教师,从满足卓越幼儿园教师职业发展需求的角度出发,探索一套系统且有针对性的方法和途径,以提升幼师生的职业口语素养。本实训教程着重强化职业能力的提升训练环节,具体包括:推广标准、流利的普通话,培养幼师生的口语表达示范性;创设真实的交际情境,培养幼师生口语表达的针对性;突出职业口语训练,培养幼师生口语表达的艺术性。教程内容紧密结合幼儿园教师日常工作中的口语能力和礼仪要求进行编排,共分为上下两编。上编专注于幼儿园教师口语,涵盖以下内容:幼儿园教师口语基础训练、幼儿园教师教学口语训练、幼儿园教师教育口语训练、幼儿园教师交际口语训练。下编则聚焦于幼儿园教师礼仪,包括幼儿园教师个人形象礼仪和幼儿园教师工作礼仪等内容。

　　教程的编写紧密围绕幼儿园教师在岗实际需求及学前教育专业学生的实习实训需求,具有极高的实用性和可操作性。

　　本实训教程由绥化学院学前教育专业卓越教师团队共同编写。刘妍编写第一章、第二章;任萍编写第三章、第四章;田秋梅编写第五章;韩影编写第六章。书中列举的大量实训案例,下编还配有示范图,由 2021 级学前教育卓越教师班学生王春月、韩一博、丛紫诺参与拍摄,方便学生参考,为卓越幼儿园教师岗前训练提供借鉴。本教程为绥化学院 2023 年校级校本教材资助项目(立项编号 XBJC202301)成果。

编者

2024 年 5 月

# 目　录

## 上编　幼儿园教师口语

### 第一章　幼儿园教师口语基础训练 ·········· 3
　　第一节　幼儿园教师普通话训练 ·········· 3
　　第二节　幼儿园教师普通话应用训练 ·········· 31
### 第二章　幼儿园教师教学口语训练 ·········· 58
　　第一节　幼儿园教师教学口语概述 ·········· 58
　　第二节　幼儿园教师各教学环节用语训练 ·········· 67
### 第三章　幼儿园教师教育口语训练 ·········· 87
　　第一节　幼儿园教师教育口语概述 ·········· 87
　　第二节　幼儿园教师教育口语的分类训练 ·········· 93
### 第四章　幼儿园教师交际口语训练 ·········· 104
　　第一节　幼儿园教师交际口语概述 ·········· 105
　　第二节　幼儿园教师交际口语的分类训练 ·········· 119

## 下编　幼儿园教师礼仪

### 第五章　幼儿园教师个人形象礼仪 ·········· 133
　　第一节　幼儿园教师的仪容礼仪 ·········· 134
　　第二节　幼儿园教师的仪表礼仪 ·········· 142
　　第三节　幼儿园教师的仪态礼仪 ·········· 153

## 第六章 幼儿园教师工作礼仪 …………………………………… 174
### 第一节 幼儿园教师教育教学礼仪 …………………………… 175
### 第二节 幼儿园教师工作交往礼仪 …………………………… 181

## 参考文献 ……………………………………………………………… 197

## 上　编
### 幼儿园教师口语

# 第一章 幼儿园教师口语基础训练

**学习目标**

1. 掌握普通话的含义,认识推广普通话的重要性。
2. 掌握普通话声母、韵母、声调和变音的发音技能,能说比较标准的普通话。
3. 掌握普通话的应用技巧,能够正确、流利、富有感情地朗读幼儿文学作品。
4. 掌握故事的讲述技巧,能够形象生动地进行故事讲述。

普通话是我国的通用语言。幼儿园教师不仅肩负着教书育人、传承历史文化的重任,而且还担负着推广普通话的责任。因此,幼儿园教师首先要学习普通话,了解普通话的含义,认识到推广普通话的重要性。幼儿文学作品是幼儿生活与内心世界的生动写照,通过无声的文字巧妙地展现了童真的趣味。幼儿园教师运用技巧来朗读、讲述幼儿文学作品,不仅可以用形象的、直观的有声语言来感染幼儿,而且还可以实现普通话的推广与传承。

## 第一节 幼儿园教师普通话训练

一家餐厅里有一位女服务员,她的普通话并不流利。一天,一位老先生光

临此店用餐。他刚一落座,那位女服务员便上前询问:"老大爷,您想吃点什么?"由于她的普通话带有浓重的地方口音,老先生听得一头雾水,只能不停地挠头。最终,老先生才明白她是在问他想要吃什么。于是,他回答说:"包子。"女服务员听后,误以为老先生要的是报纸,便迅速递上了当天的晨报。老先生看到服务员递来的报纸,不禁哭笑不得。这一切,都是因为普通话沟通不畅所导致的误会。

我国是一个多民族、多方言的国家,推广普及普通话有利于增进各民族各地区的交流,维护国家统一,增强中华民族凝聚力。推广普及普通话有利于贯彻教育面向现代化、面向世界、面向未来的方针,有利于弘扬祖国优秀传统文化和爱国主义精神,加强社会主义精神文明建设。

# 一、了解普通话常识

语言是文化传承的重要途径,也是人们沟通交流最主要的工具。普通话是我国的通用语言。幼儿园教师更应该学习普通话,说好普通话,推广普通话。

## (一)认识普通话

### 1. 什么是普通话

普通话是以北京语音为标准音,以北方话为基础方言,以典范的现代白话文著作作为语法规范的现代汉民族的共同语。

### 2. 为什么要学习和推广普通话

语言是人类沟通与交流的载体。在中国特色社会主义快速发展的历史进程中,推广普及普通话有利于消除语言之间的隔阂,促进人们之间无障碍的社会交流;有利于各个民族、各个地域人们之间的相互了解,促进中国特色社会主义经济、政治、文化的全面发展;有利于汉语在世界范围的推广,促进世界对中国文化的了解。

## （二）普通话与幼儿园教师口语

### 1. 普通话是幼儿园教师的职业语言

口语表达是幼儿园教师开展教育教学活动的重要途径，也是其必备素养之一。由于所面对的教育对象大多不识字，幼儿园教师主要依赖口头语言进行教学。口语表达的准确性直接关系到幼儿对教师所传达内容的理解。教师的世界观、人生观和价值观，也通过口语表达影响着幼儿。因此，掌握并说好普通话，是幼儿园教师有效运用职业口语的前提和基础。

### 2. 幼儿语言教育对幼儿园教师口语的要求

在2012年教育部发布的《3—6岁儿童学习与发展指南》中，语言领域目标被明确划分为"倾听与表达"及"阅读与书写准备"两大维度。其中，"倾听与表达"维度的目标强调了儿童须具备认真听并理解常用语言的能力，具体目标如下：

① 对于3—4岁的幼儿，目标设定为他们能够在他人对其说话时集中注意力并给予回应，同时能够理解日常会话。

② 4—5岁幼儿的目标提升至在群体中能有意识地听取与自己相关的信息，并能根据情境感受不同语气、语调所传达的不同含义。对于方言地区和少数民族的幼儿，要求他们基本能够听懂普通话。

③ 5—6岁幼儿的目标则进一步提高，要求他们在集体中能集中注意力听老师或其他人的讲话，并在遇到不理解或有疑问的内容时主动提问。此外，他们应能结合情境理解一些表达因果、假设等较为复杂的句子。

这样的目标分解，旨在促进幼儿的语言学习与发展，培养他们良好的倾听习惯和表达能力。

《幼儿园教育指导纲要》对语言教育的总目标进行了明确的规定，旨在培养幼儿的沟通能力，并促进其在社交和学习方面的全面发展。具体来说，目标包括：鼓励幼儿乐于与他人交谈，并在交流中展现出礼貌；要求幼儿在聆听他人讲话时能够集中注意力，并理解日常用语；激励幼儿清晰、准确地表达自己的想法；激发幼儿对听故事和阅读图书的兴趣；让幼儿能够理解和使用普通话。通过这些目标的实现，幼儿将在语言表达和社交互动中更加自信，为未来的学习和成长奠定坚实的基础。

3—8岁是幼儿语言发展的关键时期,尤其被视为口语发展的黄金阶段。在这一时期,幼儿园教师的角色至关重要。他们通过将深奥的知识变得浅显易懂,将抽象的概念具象化,以及将平淡的内容变得生动有趣,有效地激发了幼儿对语言学习的兴趣。这不仅启发了幼儿的求知欲望,增强了他们的理解力,还陶冶了他们的情感。正如柏拉图所言:"语言是教育的工具,它既是教师的工具,也是儿童学习的工具。"通过这样的教育方式,幼儿园教师极大地促进了幼儿语言能力的全面发展。

## 二、声母发音训练

普通话的语音系统主要包括声母、韵母、声调等。声母是指音节开头的辅音部分。在普通话中一共有21个声母。

### (一)声母的分类

发音器官示意图如图1–1所示。

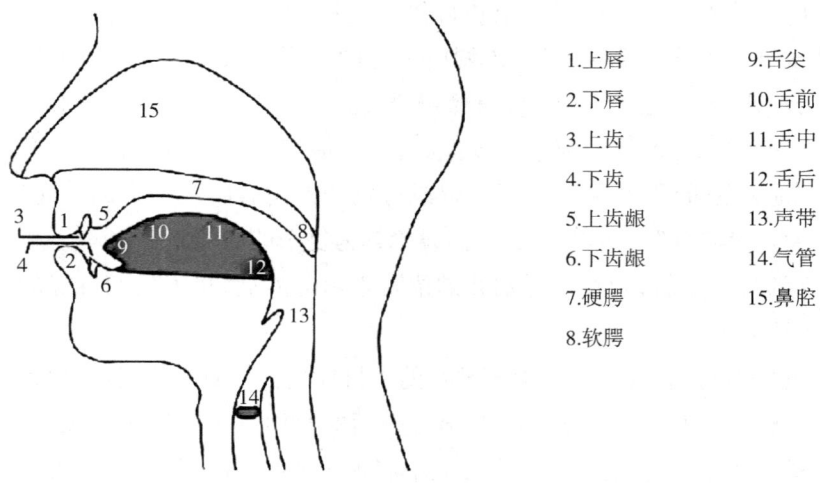

图1–1 发音器官示意图

普通话中的声母按照发音部位分类,可以分为三大类,七小类。

## 1. 唇音

以下唇为主动发音器官的发音。
① 双唇音:上下唇闭合构成阻碍的发音,包括:b、p、m。
② 唇齿音:上齿与下唇靠拢构成阻碍的发音,只有 f。

## 2. 舌尖音

以舌尖为主动发音器官的发音。
① 舌尖前音:舌尖与上齿背构成阻碍的发音,包括:z、c、s。
② 舌尖中音:舌尖与上齿龈构成阻碍的发音,包括:d、t、n、l。
③ 舌尖后音:舌尖与硬腭前部构成阻碍的发音,包括:zh、ch、sh、r。

## 3. 舌面音

以舌面为主动发音器官的发音。
① 舌面前音:舌面前部与硬腭构成阻碍的发音,包括:j、q、x。
② 舌面后音(也称舌根音):舌根与软腭构成阻碍的发音,包括:g、k、h。

## (二)声母的发音

### 1. 唇音的发音

① 发双唇音 b、p 时,双唇闭合,气流在口腔中积聚,然后双唇突然打开,气流流出。发 b 时流出的气流比较微弱,而发 p 时气流比较强烈。发 m 时气流同时从鼻腔透出,声带颤动。
② 发唇齿音 f 时,自然展唇,下唇内缘和上齿接近,气流从中摩擦而出。

## 练一练

1. 词语

b：颁布　板报　辨别　包办　褒贬　奔波
p：乒乓　批判　偏旁　爬坡　匹配　拼盘
m：门面　密谋　盲目　面貌　木马　密码
f：丰富　方法　发奋　仿佛　放飞　防范

2. 绕口令

（1）白猫黑鼻子，黑猫白鼻子。黑猫的白鼻子碰破了白猫的黑鼻子，白猫的黑鼻子碰破了，剥个秕谷壳儿补鼻子；黑猫的白鼻子没破，就不剥秕谷壳儿补鼻子。

（2）粉红墙上画凤凰，凤凰画在粉红墙。红凤凰，粉凤凰，红粉凤凰，花凤凰。

### 2. 舌尖音的发音

① 发舌尖前音 z、c 时，舌尖抵住上齿背，阻塞气流，然后舌尖稍稍离开上齿背，气流从中摩擦而出。发 z 时流出的气流比较微弱，而发 c 时气流比较强烈。发 s 时舌尖接近上齿背，气流从中摩擦而出。

② 发舌尖中音 d、t 时，舌尖抵住上齿龈，阻塞气流，然后舌尖突然离开上齿龈，气流流出。发 d 时流出的气流比较微弱，而发 t 时气流比较强烈。发 n 时气流从鼻腔透出，声带颤动，发 l 时气流从舌头两边流出，声带颤动。

③ 发舌尖后音 zh、ch 时，舌尖翘起抵住硬腭前部，阻塞气流，然后舌尖稍稍离开硬腭前部，气流从中摩擦而出。发 zh 时流出的气流比较微弱，而发 ch 时气流比较强烈。发 sh、r 时，舌尖翘起接近硬腭前部，气流从中摩擦而出。发 sh 时声带不颤动，发 r 时声带颤动。

发舌尖前音、舌尖中音、舌尖后音时都要用到舌尖，另一个部位则分别是上齿背、上齿龈、硬腭前部,部位越来越靠后。发舌尖前音时,舌头是平放的,所以又叫平舌音;发舌尖后音时,舌头是上翘的,所以又叫翘舌音。

## 练一练

1. 词语

z:最终　造作　罪责　自尊　祖宗　总则
c:层次　催促　从此　粗糙　残存　苍翠
s:思索　色素　琐碎　松散　撕碎　诉讼
d:担当　达到　地点　奠定　得到　懂得
t:探讨　团体　体态　抬头　推脱　淘汰
n:奶奶　妞妞　暖暖　牛奶　拿捏　呢喃
l:理论　轮流　姥姥　流利　罗列　流量
zh:主张　追逐　政治　争执　制止　战争
ch:长处　车床　乘除　抽查　戳穿　充斥
sh:闪烁　事实　手术　上升　烧水　少数
r:容忍　仍然　柔弱　荣辱　柔软　如若

2. 绕口令

(1)山前有四十四棵死涩柿子树,山后有四十四只石狮子。山前的四十四棵死涩柿子树,涩死了山后的四十四只石狮子。山后的四十四只石狮子,咬死了山前的四十四棵死涩柿子树。不知是山前的四十四棵死涩柿子树,涩死了山后的四十四只石狮子,还是山后的四十四只石狮子,咬死了山前的四十四棵死涩柿子树。

(2)学习就怕满、懒、难,心里有了满、懒、难,不看不钻就不前。心里丢掉满、懒、难,永不自满,边学边干,蚂蚁也能搬泰山。

(3)山前有个崔粗腿,山后有个崔腿粗,崔粗腿和崔腿粗,二人山前来比腿,也不知是崔粗腿比崔腿粗腿粗,还是崔腿粗比崔粗腿腿粗。

### 3. 舌面音的发音

① 发舌面音 j、q 时,舌面前部上抬抵住硬腭前部,阻塞气流,然后舌面稍稍离开硬腭前部,气流从中摩擦而出。发 j 时流出的气流比较微弱,而发 q 时气流比较强烈。发 x 时舌面前部接近硬腭前部,气流从中摩擦而出。

② 发舌根音 g、k 时,舌根上抬抵住软腭,阻塞气流,然后舌根突然离开软腭,气流流出。发 g 时流出的气流比较微弱,而发 k 时气流比较强烈。发 h 时舌根和软腭接近,气流从中摩擦而出。

发舌根音时,因为舌根不容易控制,所以可以将舌尖后缩,迫使舌根抬起,接触或接近软腭。

## 练一练

**1. 词语**

j:家具　紧急　借鉴　经济　拒绝　解决
q:请求　恰巧　亲切　秋千　弃权　崎岖
x:虚心　喜讯　行星　相信　细心　学习
g:梗概　巩固　改革　高贵　公共　刚刚
k:慷慨　苛刻　宽阔　刻苦　空旷　开垦
h:欢呼　黄河　缓和　航海　黄昏　悔恨

**2. 绕口令**

（1）老爷堂上一面鼓,鼓上一只皮老虎。老虎抓破堂上鼓,拿块破布往上补,只见过破布补破裤,哪见过破布补破鼓?

（2）哥挎瓜筐过宽沟,赶快过沟看怪狗,光看怪狗瓜筐扣,瓜滚筐空哥怪狗。

（3）七巷一个漆匠,西巷一个锡匠,七巷漆匠偷了西巷锡匠的锡,西巷锡匠拿了七巷漆匠的漆,七巷漆匠气西巷锡匠偷了漆,西巷锡匠讥七巷漆匠拿了锡。请问锡匠和漆匠,谁拿谁的锡? 谁偷谁的漆?

## (三) 声母的辨正

方言区的人在声母发音方面与普通话存在一些差异,分辨两者发音差异,避免方言发音对普通话声母发音造成不良的影响。

### 1. 舌尖后音和舌尖前音的区分

许多方言中缺少舌尖后音,极容易将舌尖后音 zh、ch、sh 发错为舌尖前音 z、c、s,将 r 发成 n、l 或 y。

### 2. 舌面音和舌尖前音的区分

一些方言容易把舌面音 j、q、x 发成舌尖前音 z、c、s。

### 3. f 和 h 的区分

部分方言缺少唇齿音 f,容易将唇齿音 f 发成 h。

### 4. n 和 l 的区分

部分方言 n 和 l 混淆互用,容易将鼻音 n 发成边音 l 或相反。

### 5. 送气音和不送气音的区分

部分方言没有送气音,或者将送气音发成不送气的浊音。

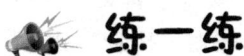

练一练

1. zh、ch、sh 与 z、c、s

z—zh: 栽花—摘花　赠品—正品　祖父—嘱咐　阻力—主力　早到—找到
c—ch: 乱草—乱吵　推辞—推迟　木材—木柴　撺动—吹动　小草—小炒
s—sh: 俗人—熟人　私人—诗人　搜集—收集　桑叶—商业　五岁—午睡

2. r 与 n、l、y

r—n：热闹　忍耐　乳牛　男人　懦弱　能人
r—l：人类　容量　日历　利润　落日　例如
r—y：人员　冗余　如意　亦然　萦绕　炎热

3. j、q、x 与 z、c、s

j—z：节奏　家族　记载　自觉　总结　造就
q—c：其次　清脆　起草　从前　凑巧　采取
x—s：相似　羞涩　心思　速写　思想　送行

4. f 与 h

f—h：发挥　发货　符合　返回　回复　画法　恢复　哈佛

5. n 与 l

n—l：农历　暖流　年龄　能力　烂泥　理念　辽宁　老年

6. 送气音与不送气音

b—p：编排　被迫　标配　爆破　普遍　拼搏　配备　跑步
d—t：地图　独特　动态　冬天　特点　态度　特定　推动
g—k：概括　赶快　观看　顾客　客观　空格　开关　控股
j—q：加强　假期　技巧　近期　情节　请假　情景　切记
z—c：再次　字词　紫菜　早餐　存在　操作　采择　嘈杂
zh—ch：支持　注重　职称　侦查　查找　初中　充值　诚挚

# 三、韵母发音训练

韵母是除去声母以外的部分。普通话中的韵母可以由一个元音构成，也可以由两个或三个元音的组合构成，还可以由元音与辅音的组合构成。

## （一）韵母的分类

普通话中韵母共有 39 个，根据韵母的内部结构划分，韵母可以分为单韵母、复韵母、鼻韵母三大类。

### 1. 单韵母

单韵母共 10 个，包括：a、o、e、ê、i、u、ü、-i（前）、-i（后）、er。

### 2. 复韵母

复韵母共 13 个，包括：ai、ei、ao、ou、ia、ie、ua、uo、üe、iao、iou、uai、uei。

### 3. 鼻韵母

鼻韵母共 16 个，包括：an、ian、uan、üan、en、in、uen、ün、ang、iang、uang、eng、ing、ong、ueng、iong。

## （二）韵母的发音

### 1. 单韵母的发音

根据发音时舌头的情况，将单韵母分为舌面单韵母、舌尖单韵母、卷舌单韵母。

（1）舌面单韵母

a 发音时，舌尖不抵下齿，舌头居中央，口大开，唇形不圆。

o 发音时，口微开，两唇收圆，上下唇间距离约一食指宽，舌头后缩，舌面后部上升到半高。发 o 时，要防止开口过大，也要防止口形、舌位变化而读成"ou"（欧）。

e 和 o 的差别主要在唇的圆与不圆。所以在掌握 o 的发音后，把双唇向两边展开，就可以发出 e。

ê 发音时，舌头前伸，舌尖抵下齿背，口半开，嘴唇不圆。单韵母 ê 一般只标注汉字"欸"。

i 发音时，舌头前伸，舌尖抵下齿背，舌面前部抬起，嘴唇呈扁平形状。

ü和i的差别主要在嘴唇的圆与不圆。练习ü的发音,可先发i,声音拖长,舌位不动,嘴唇收拢呈一圆形小孔即可。

u发音时,舌头后缩,舌根抬起,嘴唇呈一圆形小孔。

### 练一练

1. 词语

a:打骂　发达　打靶　娃娃
o:薄膜　磨破　婆婆　默默
e:特色　客车　褐色　折射
i:集体　机器　笔记　记忆
u:服务　图书　孤独　督促
ü:区域　语句　聚居　序曲

2. 绕口令

(1)坡上立着一只鹅,坡下就是一条河。宽宽的河,肥肥的鹅,鹅要过河,河要渡鹅。不知是鹅过河,还是河渡鹅。

(2)山上五棵树,架上五壶醋,林中五只鹿,箱里五条裤。伐了山上树,搬下架上的醋,射死林中的鹿,取出箱中的裤。

(3)山前有只虎,山下有只猴。虎撵猴,猴斗虎;虎撵不上猴,猴斗不了虎。

(2)舌尖单韵母

舌尖前元音–i(前),其发音部位与舌尖前音声母z、c、s相同,发音时,舌尖对着上齿背形成狭窄的通路,气流通过不发生摩擦,嘴唇向两旁展开。舌尖前元音–i主要出现在zi、ci、si这些音节中。

舌尖后元音–i(后),其发音部位与舌尖后音声母zh、ch、sh、r相同,发音时,舌尖上举,对着硬腭前端形成狭窄的通路,气流通过不发生摩擦,嘴唇向两

旁展开。舌尖后元音 -i 主要出现在 zhi、chi、shi、ri 这些音节中。

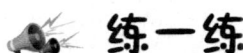

词语

私自　此次　次子　字词　恣肆
孜孜　赐死　四次　子嗣　刺字
只是　日志　实施　支持　知识
制止　值日　试制　实质　迟滞

(3) 卷舌单韵母

er 发音时，嘴自然张开，不大不小，舌位自然放置，不前不后，唇形自然，舌尖向硬腭卷起，声带振动，软腭上升，关闭鼻腔通路。

词语

饵料　而且　儿歌　耳朵　二胡
二十　儿童　儿女　偶尔　遐迩

2. 复韵母

由多个元音构成的韵母叫复韵母。复韵母是从一个元音向另一个元音逐渐滑动，气流不中断，听起来像一个整体。普通话共有 13 个复韵母，每一个复韵母中，都有一个开口度大，声音清晰响亮的元音，这个元音是复韵母中的主要元音，即韵腹。根据韵腹的位置，复韵母分为前响复韵母、中响复韵母、后响复韵母。

(1) 前响复韵母 ai、ei、ao、ou

ai、ei、ao、ou 是前响复韵母。发音时,前一个元音清晰响亮,后一个元音较为模糊,只表示舌位滑动的方向。整个韵母发音时舌位逐渐抬高,口腔逐渐闭合,声音前响后轻,前后连成一体。我们可以用连读韵腹和韵尾的办法来练习发音,连读韵腹和韵尾,由慢而快,最后连成一体,注意气流不可中断。

词语

ai:采摘　海带　买卖　爱戴
ei:配备　肥美　妹妹　蓓蕾
ao:糟糕　逃跑　懊恼　操劳
ou:收购　口头　丑陋　漏斗

(2) 中响复韵母 iao、iou、uai、uei

中响复韵母发音时,中间的元音响亮,前面的元音轻短,后面的元音模糊。iou、uei 与声母相拼时,去掉中间的字母,写成 iu、ui。

词语

iao:缥缈　逍遥　疗效　巧妙
iou:悠久　秋游　优秀　牛油
uai:摔坏　外快　怀揣　乖乖
uei:回归　追随　摧毁　垂危

(3) 后响复韵母 ia、ie、ua、uo、üe

后响复韵母发音时,前一个元音较短较轻,后一个元音清晰响亮。

1. 词语

ia：压价　假牙　恰恰　下架
ie：贴切　结业　爷爷　铁屑
ua：花袜　挂花　耍滑　画画
uo：堕落　过错　懦弱　硕果
üe：决绝　雀跃　约略　雪月

2. 绕口令

(1) 磨坊磨墨,墨碎磨坊一磨墨;梅香添煤,煤爆梅香两眉灰。
(2) 出南门,走六步,见着六叔和六舅,叫声六叔和六舅,借我六斗六升好绿豆;过了秋,打了豆,还我六叔六舅六十六斗六升好绿豆。

### 3. 鼻韵母

鼻韵母是由元音和鼻辅音构成的韵母。发鼻韵母时,由元音的发音状态逐渐向鼻辅音的发音状态过渡,最后阻碍部位完全闭塞,气流从鼻腔中流出,形成鼻辅音。普通话的鼻韵母分为带舌尖中浊鼻音韵尾－n 的前鼻音韵母和带舌根浊鼻音韵尾－ng 的后鼻音韵母。

(1) 前鼻音韵母 an、ian、uan、üan、en、in、uen、ün

要发好前鼻音韵母,首先要读准舌尖中浊鼻音－n。发－n 时,舌尖抵住上齿龈,阻塞口腔通道,让气流从鼻腔中出来。

**练一练**

词语

an:参战　看待　感到　难道
en:根本　门路　奋斗　人参
ian:年代　天地　眼泪　艰险
in:品德　引导　印泥　信心
uan:团体　管理　段落　观察
uen:温度　问题　论文　温存
ün:熨斗　晕倒　运动　军训
üan:权力　远虑　旋律　卷曲

(2) 后鼻音韵母 ang、iang、uang、eng、ing、ong、ueng、iong

要发好后鼻音韵母，首先要发准后鼻音－ng。发－ng 时，舌根抬起，抵住软腭，阻塞口腔通道，让气流从鼻腔中出来。

 **练一练**

1. 词语

ang:帮忙　当然　仓库　苍茫
iang:两个　凉快　享乐　响亮
uang:光滑　狂欢　壮阔　狂妄
eng:朋友　能够　萌生　等候
ing:应该　清净　名贵　姓名

ong:通信　痛快　功课　通过

iong:穷凶　穷汉　窘迫　汹涌

2.绕口令

(1)扁担长,板凳宽,扁担没有板凳宽,板凳没有扁担长。扁担绑在板凳上,板凳不让扁担绑在板凳上。

(2)一平盆面,烙一平盆饼,饼碰盆,盆碰饼。

(3)任命是任命,人名是人名,任命不能说成人名,人名也不能说成任命。

(4)山前有个严圆眼,山后有个严眼圆,二人山前来比眼,不知是严圆眼的眼圆,还是严眼圆比严圆眼的眼圆。

## 四、声调和音变发音训练

### (一)声调

声调是音节具有区别意义作用的音高变化。声调能区别意义,例如"石狮 shí shī"和"史实 shǐ shí",声母、韵母完全相同,但意义不同,主要由它们的声调不同来区分。声调的变化取决于音高。

普通话共有四个声调,分为阴平、阳平、上声和去声。依据四个声调的特点又可概括为"一平二升三曲四降"。普通话的声调至现今仍沿用赵元任创制的"五度标记法"来标记(如图1-2所示)。

1.阴平:调值55,调形高平。发阴平音时,起音高高一路平。

2.阳平:调值35,调形中升。发阳平音时,由中到高往上升。

3.上声:调值214,调形降升。发上声音时,先降后升曲折起。

4.去声:调值51,调形高降。发去声音时,高起猛降到底层。

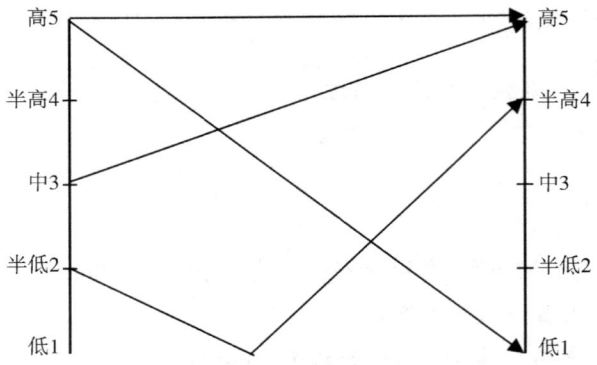

图1-2 五度标记法

## 练一练

**1. 四声顺序练习**

mā má mǎ mà
妈 麻 马 骂

bā bá bǎ bà
巴 拔 把 罢

gē gé gě gè
哥 膈 葛 各

kē ké kě kè
棵 咳 渴 课

shān míng shuǐ xiù
山 明 水 秀

fēng tiáo yǔ shùn
风 调 雨 顺

shēn qiáng tǐ zhuàng
身 强 体 壮

shān qióng shuǐ jìn
山 穷 水 尽

yōu róu guǎ duàn
优 柔 寡 断

yīn xún shǒu jiù
因 循 守 旧

**2. 四声逆序练习**

guò guǒ guó guō
过 果 国 锅

jià jiǎ jiá jiā
嫁 假 夹 家

dà dǎ dá dā
大 打 达 耷

pào pǎo páo pāo
炮 跑 袍 抛

xiào lǐ cáng dāo
笑 里 藏 刀

wàn lǐ cháng zhēng
万 里 长 征

nòng qiǎo chéng zhuō
弄 巧 成 拙

nì shuǐ xíng zhōu
逆 水 行 舟

mù yǐ chéng zhōu
木 已 成 舟

### 3. 四字同调练习

chūn tiān huā kāi　　jiāng shān duō jiāo　　bēi gōng qū xī
春　天　花　开　　　 江　山　多　娇　　　 卑　躬　屈　膝

pān dēng gāo shān　　niú yáng chéng qún　　ér tóng wén xué
攀　登　高　山　　　 牛　羊　成　群　　　 儿　童　文　学

yán gé zhí xíng　　　yuǎn jǐng měi hǎo　　 shèng lì bì mù
严　格　执　行　　　 远　景　美　好　　　 胜　利　闭　幕

biàn huàn mò cè
变　幻　莫　测

### （二）音变

在说话或朗读时，语言的表达并非像拾取豆子那样逐字进行，而是通过一连串的音节连续发出。当音节连续出现时，相邻音节之间会相互影响，导致某些音节的发音发生不同程度的改变。我们称这种语音上的变化现象为音变。在普通话中，音变主要包括变调、轻声、儿化以及"啊"的变音等现象。

#### 1. 变调

在语流中，由于相连音节的相互影响，某个音节本来的调值发生了变化，这种变化叫作变调。普通话中的变调主要有上声的变调和"一""不"的变调。

##### （1）上声的变调

上声出现在词语末尾或单念时，声调不变，调值是214。上声出现在其他音节前面，由于受后续音节的影响，调值会发生变化，产生变调现象。上声的变调规律为：

①当上声音节出现在非上声音节之前时，其发音变为半上，调值为21。

②若上声音节出现在另一个上声音节之前，前者的调值将变为阳平，调值为35。

③当上声音节出现在轻声音节之前，且该轻声音节是由上声音节转变而来时，第一个上声音节的发音有两种变化：有时变为半上，有时变为阳平。

④对于连续出现的三个上声音节，其音变取决于语音的停顿位置。若停顿

在第一个上声音节之后,则发音顺序为半上—阳平—上声;若停顿在第二个上声音节之后,前两个上声音节的发音将变为阳平。

⑤当有三个以上的上声音节连续出现时,应根据词语意义进行停顿,停顿前的上声音节保持上声发音,其余的上声音节则变读为类似阳平的发音。

词语

(1)火车、讨论、祖国、尾巴

(2)领导、晚会、演讲、美好

(3)姐姐、小马虎、手里、想起

(4)往左转、请举手、挺友好、李厂长

(5)老厂长、很勇敢、厂领导、展览馆、举手礼、讲演稿

(2)"一""不"的变调

在普通话中,"一"和"不"两个字的声调会受相连的音节声调影响而发生变调的现象,其变调规律为:

①"一"的本调是阴平。"不"的本调是去声。单念或在词句末尾时,"一"和"不"分别念本调。

②在去声前,"一""不"都念阳平。

③在非去声前,"一""不"都念去声。

④"一""不"夹在词语中间,念轻声。

**词语**

(1) 举一反三、表里如一、长短不一
(2) 一路平安、一技之长、不计其数、不见不散
(3) 一清二楚、一鸣惊人、不明不白、不清不楚
(4) 想一想、看一看、看不见、认不清

### 2. 轻声

在语言表达中,某些音节由于受到前面音节的影响,会失去其原有的声调,转变为一种轻且短的调子,这种现象称为"轻声"。轻声的出现遵循以下规律:

① 语气词如"吧、吗、呢、啊"等,通常以轻声出现。
② 助词如"的、地、得、着、了、过、们"等,也常采用轻声。
③ 叠音名词和重叠动词的最后一个音节,往往读作轻声。
④ 构词用的后缀,例如"子、头",在发音时通常以轻声呈现。
⑤ 名词或代词后面的方位词或语素,常常读作轻声。
⑥ 做补语的趋向动词,其发音也倾向于轻声。
⑦ 量词"个"在多数情况下,习惯上读作轻声。
⑧ 在口语中,有一批常用的双音词,其第二个音节习惯上读作轻声。

**练一练**

**词语**

(1) 走吧、好吗、你说呢、下课了
(2) 好的、快速地、跑得慢、坐着吃、快了、看过

（3）姥姥、谈谈、商量商量、讨论讨论

（4）椅子、孩子、石头、木头

（5）桌上、地下、那边、这边

（6）进来、起来、下去、上来

（7）一个、几个、每个、哪个

（8）暖和、眼睛、明白、消息

### 3.儿化

在一个音节中,当韵母与带有卷舌色彩的音素融合时,会导致该音节的韵母转变为卷舌韵母,这一现象被称为"儿化"。经过儿化处理的韵母被称为儿化韵,这些儿化韵是通过将各种不同的韵母与音素 er 相结合而形成的。儿化的规律分为:

① 音节末尾是 a、o、e、u、(ao、iao 中的 o 也是)的,韵母直接加卷舌动作 r。

② 韵尾是 i、n 的(in、ün 除外),丢掉韵尾,韵腹加卷舌动作。uei、uen 前拼声母时应写作 ui、un,但儿化时仍恢复原形再变化。

③ 韵尾是 ng 的,儿化时去掉 ng,韵腹鼻化并加卷舌动作 r。ing 儿化时,去掉 ng,加中央 e 鼻化,再加卷舌动作 r。

④ 韵母是 i、ü 的,儿化时直接在韵母后加 er。

⑤ 韵母是 -i[前]、-i[后]的,韵母变成 er。

⑥ 韵母是 in、ün 的,儿化时去掉 n,加 er。

## 练一练

词语

(1) 刀把儿、书架儿、牙刷儿、围脖儿、发火儿、树叶儿、丑角儿、眼珠儿

(2) 锅盖儿、碗筷儿、宝贝儿、跑腿儿、花瓣儿、笔尖儿、脑门儿、花园儿

(3) 偏旁儿、鼻梁儿、天窗儿、板凳儿、没空儿、出名儿、小熊儿

(4) 门鼻儿、小米儿、玩意儿、马驹儿、小曲儿、毛驴儿

(5) 瓜子儿、鱼刺儿、鱼食儿、果汁儿

(6) 鼓劲儿、脚印儿、背心儿、短裙儿、合群儿、围裙儿

### 4. "啊"的变音

当语气词"啊"置于句尾时,其读音会根据前一音节的韵母发生相应的变化。具体的变化规律如下:

① 若"啊"之前音节的末尾音素为 a、o、e、ê、i 或 ü,则"啊"变读为"ya"。

② 若"啊"之前音节的末尾音素为 u(包括在 ao、iao 中的 o,实际读音为 u),则"啊"变读为"wa"。

③ 若"啊"之前音节的末尾音素为 n,则"啊"变读为"na"。

④ 若"啊"之前音节的末尾音素为 ng,则"啊"变读为"nga"。

⑤ 若"啊"之前音节的末尾音素为舌尖后元音 -i 或卷舌单韵母 er,则"啊"变读为"ra"。

⑥ 若"啊"之前音节的末尾音素为舌尖前元音 -i,则"啊"变读为"za"。

## 练一练

1. 基础训练

(1) 快点啊！好黑啊！你走不走啊？
(2) 真好啊！去跑步啊！
(3) 这儿远啊！你真能干啊！
(4) 真好听啊！饭真香啊！
(5) 什么事儿啊？大家吃啊！
(6) 不能太自私啊！原来如此啊！

2. 技能训练

(1) 请准确地读出下列音节

bái měi fèn diū tiǎn pān kuà huò zhuàng yuán pā bāo fǒu làng qín chuāi shùn wēng nüè fú
白 美 份 丢 舔 潘 跨 豁 壮 冤 啪 胞 否 浪 秦 揣 顺 翁 虐 浮

yù lèi miáo qiào xīn chù shuā nǚ rùn hè zhī huí jìng jǔ xià ròu chī nòng pú rì
玉 类 描 悄 芯 触 刷 女 润 鹤 之 回 静 矩 夏 肉 吃 弄 葡 日

piě miáo dīng nuó guī kǔn huāng quán màn tiě zhà shí mō táo niǔ liàng zhé zēng zéi kuī
撇 苗 盯 挪 龟 捆 慌 全 蔓 铁 炸 石 摸 桃 妞 晾 辙 增 贼 亏

ér bō shàn fēng tì yáng wài jūn mǔ píng dì lüè cí sì gòng rèn cuì pō xiāng xuǎn
而 拨 扇 蜂 剃 阳 外 均 母 平 地 略 瓷 寺 共 纫 脆 坡 襄 癣

cái bēn zàng sāi qióng qū dòng cáo sè céng ràng shuāi cuān suān chóu zhā biàn
才 奔 藏 腮 穷 区 洞 槽 涩 层 让 摔 蹿 酸 愁 扎 遍

(2) 请准确地读出下列词语

| 筛子 | 小麦 | 好乖 | 透过 | 扎住 | 挂念 | 依赖 | 应该 | 猴子 | 大吼 |
| 和蔼 | 打斗 | 大狗 | 篓子 | 分派 | 好瓜 | 桃子 | 浏阳 | 辽宁 | 窑水 |
| 早操 | 白菜 | 凑成 | 露水 | 能够 | 开水 | 求救 | 扳手 | 侦探 | 打夯 |
| 丢掉 | 柳条 | 嫩绿 | 优秀 | 平房 | 肠炎 | 野蛮 | 防范 | 开垦 | 打针 |
| 人名 | 筋肉 | 永久 | 窘迫 | 运煤 | 组织 | 粗细 | 让步 | 元帅 | 吞吐 |
| 干脆 | 衰弱 | 冷热 | 侵略 | 跃进 | 药水 | 爷爷 | 辩论 | 算术 | 棚子 |

脸盆　红榜　黑板　惩罚　嫉妒　号召　争取　番茄　棉絮　闺女
糟蹋　测量　自来水　玻璃窗　小本儿　黑板刷儿　写字儿
刊物　咀嚼　豆腐　小女孩儿

（3）请运用普通话准确朗读短文，注意音变现象

　　在繁华的巴黎大街的路旁，站着一个衣衫褴褛、头发斑白、双目失明的老人。他不像其他乞丐那样伸手向过路行人乞讨，而是在身旁立一块木牌，上面写着："我什么也看不见！"街上过往的行人很多，看了木牌上的字都无动于衷，有的还淡淡一笑，便姗姗而去了。

　　这天中午，法国著名诗人让·彼浩勒也经过这里。他看看木牌上的字，问盲老人："老人家，今天上午有人给你钱吗？"盲老人叹息着回答："我，我什么也没有得到。"说着，脸上的神情非常悲伤。让·彼浩勒听了，拿起笔悄悄地在那行字的前面添上了"春天到了，可是"几个字，就匆匆地离开了。

　　晚上，让·彼浩勒又经过这里，问那个盲老人下午的情况。盲老人笑着回答说："先生，不知为什么，下午给我钱的人多极了！"让·彼浩勒听了，摸着胡子满意地笑了。

　　"春天到了，可是我什么也看不见！"这富有诗意的语言，产生这么大的作用，就在于它有非常浓厚的感情色彩。是的，春天是美好的，那蓝天白云，那绿树红花，那莺歌燕舞，那流水人家，怎么不叫人陶醉呢？但这良辰美景，对于一个双目失明的人来说，只是一片漆黑。当人们想到这个盲老人，一生中竟连万紫千红的春天都不曾看到，怎能不对他产生同情之心呢？

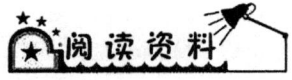

## 普通话水平测试的内容及评分标准

　　普通话水平测试的内容包括语音、词汇和语法。试卷包括5个（或4个）组成部分，满分为100分。

(一)读单音节字词(100个音节,不含轻声、儿化音节),限时3.5分钟,共10分。

1.目的:测查应试人声母、韵母、声调读音的标准程度。

2.要求:

(1)100个音节中,70％选自《普通话水平测试用普通话词语表》"表一",30％选自"表二"。

(2)100个音节中,每个声母出现次数一般不少于3次,每个韵母出现次数一般不少于2次,4个声调出现次数大致均衡。

(3)音节的排列要避免同一测试要素连续出现。

3.评分:

(1)语音错误,每个音节扣0.1分。

(2)语音缺陷,每个音节扣0.05分。

(3)超时1分钟以内,扣0.5分;超时1分钟以上(含1分钟),扣1分。

(二)读多音节词语(100个音节),限时2.5分钟,共20分。

1.目的:测查应试人声母、韵母、声调和变调、轻声、儿化读音的标准程度。

2.要求:

(1)词语的70％选自《普通话水平测试用普通话词语表》"表一",30％选自"表二"。

(2)声母、韵母、声调出现的次数与读单音节字词的要求相同。

(3)上声与上声相连的词语不少于3次,上声与其他声调相连的词语不少于4次,轻声不少于3次,儿化不少于4次(应为不同的儿化韵母)。

(4)词语的排列要避免同一测试要素连续出现。

3.评分:

(1)语音错误,每个音节扣0.2分。

(2)语音缺陷,每个音节扣0.1分。

(3)超时1分钟以内,扣0.5分;超时1分钟以上(含1分钟),扣1分。

(三)选择判断,限时3分钟,共10分。

1.词语判断(10组)

(1)目的:测查应试人掌握普通话词语的规范程度。

(2)要求:根据《普通话水平测试用普通话与方言词语对照表》,列举10组普通话与方言意义相对应但说法不同的词语,由应试人判断并读出普通话的词语。

(3)评分:判断错误,每组扣0.25分。

2.量词、名词搭配(10组)

(1)目的:测查应试人掌握普通话量词和名词搭配的规范程度。

(2)要求:根据《普通话水平测试用普通话与方言常见语法差异对照表》,列举10个名词和若干量词,由应试人搭配并读出符合普通话规范的10组名量短语。

(3)评分:搭配错误,每组扣0.5分。

3.语序或表达形式判断(5组)

(1)目的:测查应试人掌握普通话语法的规范程度。

(2)要求:根据《普通话水平测试用普通话与方言常见语法差异对照表》,列举5组普通话和方言意义相对应,但语序或表达习惯不同的短语或短句,由应试人判断并读出符合普通话语法规范的表达形式。

(3)评分:判断错误,每组扣0.5分。

选择判断合计超时1分钟以内,扣0.5分;超时1分钟以上(含1分钟),扣1分。答题时语音错误,每个音节扣0.1分,如判断错误已经扣分,不重复扣分。

(四)朗读短文(1篇,400个音节),限时4分钟,共30分。

1.目的:测查应试人使用普通话朗读书面作品的水平。在测查声母、韵母、声调读音标准程度的同时,重点测查连读音变、停连、语调以及流畅程度。

2.要求:

(1)短文从《普通话水平测试用朗读作品》中选取。

(2)评分以朗读作品的前400个音节(不含标点符号和括注的音节)为限。

3.评分:

(1)每错1个音节,扣0.1分;漏读或增读1个音节,扣0.1分。

(2)声母或韵母的系统性语音缺陷,视程度扣0.5分、1分。

(3)语调偏误,视程度扣0.5分、1分、2分。

(4)停连不当,视程度扣0.5分、1分、2分。

(5)朗读不流畅(包括回读),视程度扣0.5分、1分、2分。超时扣1分。

(五)命题说话(1个话题),限时3分钟,共30分。

1.目的:测查应试人在无文字凭借的情况下说普通话的水平,重点测查语音标准程度、词汇语法规范程度和自然流畅程度。

2. 要求：

(1)说话话题从《普通话水平测试用话题》中选取,由应试人从给定的两个话题中选定一个话题,连续说一段话。

(2)应试人单向说话。如发现应试人有明显背稿、离题、说话难以继续等表现时,主试人应及时提示或引导。

3. 评分：

(1)语音标准程度,共20分。分六档：

一档：语音标准或极少有失误。扣0分、0.5分、1分。

二档：语音错误在10次以下,有方音但不明显。扣1.5分、2分。

三档：语音错误在10次以下,但方音比较明显；或语音错误在10次—15次之间,有方音但不明显。扣3分、4分。

四档：语音错误在10次—15次之间,方音比较明显。扣5分、6分。

五档：语音错误超过15次,方音明显。扣7分、8分、9分。

六档：语音错误多,方音重。扣10分、11分、12分。

(2)词汇语法规范程度,共5分。分三档：

一档：词汇、语法规范。扣0分。

二档：词汇、语法偶有不规范的情况。扣0.5分、1分。

三档：词汇、语法屡有不规范的情况。扣2分、3分。

(3)自然流畅程度,共5分。分三档：

一档：语言自然流畅。扣0分。

二档：语言基本流畅,口语化较差,有背稿子的表现。扣0.5分、1分。

三档：语言不连贯,语调生硬。扣2分、3分。

说话不足3分钟,酌情扣分：缺时1分钟以内(含1分钟),扣1分、2分、3分；缺时1分钟以上,扣4分、5分、6分；说话不满30秒(含30秒),本测试项成绩计为0分。

普通话水平划分为三个级别,每个级别内划分两个等次。

97分及其以上,为一级甲等；

92分及其以上但不足97分,为一级乙等；

87分及其以上但不足92分,为二级甲等；

80分及其以上但不足87分,为二级乙等；

70分及其以上但不足80分,为三级甲等；

60分及其以上但不足70分,为三级乙等。

*注:根据《中华人民共和国国家通用语言文字法》的规定,目前教师进行普通话水平测试,应达到二级以上水平,其中语文教师和对外汉语教学教师应达到二级甲等以上水平,普通话教师和语音教师应达到一级水平。

——引自国家语委普通话与文字应用培训测试中心:《普通话水平测试实施纲要(2021年版)》,语文出版社2022年版,第1—4页,有删改。

## 第二节 幼儿园教师普通话应用训练

教师朗读散文

**雨中乐章**

这场雨来得无声无息,人们一点儿也没有注意到。听,它大起来了,逐渐汇成了一首首美妙的乐曲。

开始雨滴很小,"滴答""滴答"……轻轻地落在树上、花朵上、地上、屋顶上,紧贴在那五颜六色的雨伞上,奏出了如清泉般的美妙乐章。一切都那么的清脆、那么的优雅,如同古典高雅的古筝乐曲,让人仿佛身临幽静的山谷,陶醉在充满诗意的美好中。

可能是哪个小雨滴看不惯这平静的、清脆的古筝乐曲,想来点猛的。这个小雨滴的速度马上加快,身体也膨胀了一倍,飞快地打在地面上,溅起了一串小水珠。有了领头羊,大家都向它学习,不一会儿大雨倾泻而下。哇,雨大了!原本那缓慢而又清脆的古筝乐章不见了。取而代之的是深沉而又欢快的曲调,如同快旋律的钢琴曲一般,高低起伏,抑扬顿挫。

小雨滴的到来似乎还不够,雷公公也来凑热闹了。听,"轰隆隆""轰隆隆"……这声音震耳欲聋,犹如架子鼓的乐章,猛烈又突兀,让激昂的钢琴曲更是动人心魄。来往的汽车经过坑坑洼洼的地方,不时溅起一阵阵水花。它们跳跃着、奔跑着，似乎想飞入高空，可是不一会儿就落入了小水洼中。很快，雨滴们持续不断地落下来，形成了朦胧的雨雾。远处的行人、汽车、房屋变得模糊了，很快，任何东西都看不清了，只剩下朦胧的一片。我站在窗前深深地呼吸，任由清凉的雨珠调皮地抚摸我的脸庞。

渐渐地，天空的颜色从灰色变成了白色，这时雨滴们也都刹住了车，不再嬉戏玩闹了。

教师在朗读幼儿散文时，运用恰当的语气、节奏和重音等技巧，使得散文内容生动形象，朗读过程中抑扬顿挫，富有感染力。朗读幼儿文学作品和讲述幼儿故事是幼儿园教师不可或缺的专业技能，同时也是其普通话应用能力的重要体现。因此，幼儿园教师必须精通朗读和讲述的艺术，以更好地吸引和教育幼儿。

# 一、幼儿文学作品朗读训练

朗读是一门口头语言艺术，是需要通过朗读者的再创作将无声的文字符号变成生动、鲜活的有声语言，使得听众获取清晰的信息和艺术享受。朗读训练是幼儿园教师口语的有机组成部分，是普通话应用的继续，也是普通话推广的开始。朗读能力是幼儿园教师专业技能之一。

（一）朗读技能训练

1. 什么是朗读

朗读，作为一种运用普通话的艺术形式，是将书面文字符号巧妙转化为清晰、悦耳且充满感情的有声作品的再创作过程。它不仅是一门口头语言艺术，更是一种创造性的表达方式，通过口头语言将静态的文字转化为立体的听觉形象，为听众带来艺术的享受。与日常说话不同，朗读要求朗读者不仅忠实于作品原貌，更要准确、流畅且富有感情地再现作品，使之成为一种真正的艺术体现。

2. 朗读的要求

朗读的艺术在于将他人的文字作品，通过个人的演绎，呈现给听众。要想精通朗读,必须深入理解和掌握其基本要求。这些要求包括:深刻理解作品内涵,全身心感受作品情感,清晰地界定朗读的目的与对象,以及熟练运用朗读的基本技巧。这些要素共同构成了朗读艺术的基石,确保每一次朗读都能触动听众的心灵。

(1)理解作品

准确而深刻地理解朗读作品的内容与含义,是进行朗读的基础和前提。运用各种艺术手法和朗读技巧对于朗读来说是至关重要的,但如果这些技巧的运用脱离了对作品内容和含义的准确、深刻理解,那么这些技巧就会变得如同无源之水,无本之木,失去了其应有的作用和意义。因此,朗读者在开始朗读之前,需要对作品进行由局部到整体的理解。局部理解包括对作品中的字、词、句、修辞手法以及层次结构的理解;而整体理解则是对作品所描绘的人物、事件、物体及其所表达的情感进行全面把握,进而领会作品的主旨。此外,对于那些名家名篇,朗读者在准备朗读之前,还应当将作品置于其创作的时代背景和作者的创作意图中进行深入理解。

例如在朗读高尔基的《海燕》之前,首要任务是清除文字上的障碍,随即对作品进行全面的综合分析。该作品采用了象征手法,通过描绘暴风雨来临前的宁静、暴风雨逼近的紧张以及暴风雨即将到来的激烈三个画面,塑造了一只无畏电闪雷鸣、敢于与风浪搏斗、勇于呼唤风雨的海燕形象,这一形象被誉为"胜利的预言者"。通过对作品的深入分析,朗读者能够更好地把握海燕这一角色的精神内涵,从而在朗读中传达出作品所蕴含的深刻意义和情感。

(2)感受作品

在初步理解作品的基础上,深入感受作品意味着对作品进行更深层次的体会与揣摩。这种感受要求我们深入作品的每一个字句,将文章中的词语努力转化为时间和空间上跳动与流动的音符。我们需要充分调动自己的感官和思维能力,积极而专注地体会作品中蕴含的丰富意义和生动形象,同时揣摩其严密的逻辑和内在的真实含义。通过这种方式,我们的理智与情感将随着文字的跳跃和起伏产生共鸣,从而更深刻地理解和感受作品。

例如在朗读《海上日出》这一作品时,朗读者应当深入体会和揣摩海上日出的"奇观"。关键在于捕捉并理解诸如"没有大亮、浅蓝、一道红霞"、"扩大了、出现了、冲破了、跳出了"、"天、水、红霞、云、黑云、紫色"、"直射、放射、镶了"以及"光芒、金边、光亮"等关键词汇。通过仔细揣摩这些词汇的含义及其内在的逻辑联系，使它们在心中生动起来，从而能够更好地表达作品的意境。对作品的感受是多维度的，但主要集中在对形象和逻辑的深刻理解上。只有这样，才能将作品的情感和氛围通过朗读传达给听众。

（3）明确朗读目的和对象

朗读的目的是指"为何而读"，而朗读的对象则是指"为谁而读"。朗读实质上是一种再创作的过程，通常涉及"采用他人作品，由个人朗读，供他人倾听"。在这一再创作的活动中，朗读者需将自己的认知与感受融入作品之中，同时考虑到听众的期待，将这些因素融入作品的呈现中。因此，朗读者必须妥善处理好自身、作品与听众三者之间的关系，清晰地界定朗读的目的与对象，确保朗读的效果既忠于原作，又能满足听众的期待。

（4）掌握朗读技巧

朗读技巧是指在朗读过程中，为了提升朗读效果而采用的一系列方法和手段，这些技巧涉及将书面语言转化为有声语言的艺术创作和精细处理。广义上，朗读技巧通常被分为两大类：外部语言表达技巧和内部心理感受技巧。

外部语言表达技巧是指那些听众可以通过听觉直接感知到的声音处理方式，包括但不限于语调、重音、停顿和节奏的运用。这些技巧帮助朗读者塑造语音的韵律和节奏，使听众能够更直观地理解和感受作品。

内部心理感受技巧则涉及朗读者在朗读过程中对作品内在形象和逻辑的深刻感受和体会。这要求朗读者不仅要理解文字的表面意义，更要深入作品的情感层面，将内心的感受融入朗读之中，从而使听众能够更加深入地体会和理解作品的内涵。

通过这些技巧的运用，朗读者不仅能够准确传达作品的信息，还能增强朗读的感染力和艺术性，使朗读成为一种既传达信息又传递情感的美的享受。

3. 朗读技巧

朗读技巧是达成朗读目标的关键方法和手段。从广义上讲，朗读技巧涵盖了外部语言表达技巧和内部心理感受技巧两大类。外部语言表达技巧是在特定的内部心理状态下展现的,而内部心理感受技巧则是外部语言表达技巧的基石。

狭义上的朗读技巧,特指在将书面文字转化为有声语言的过程中,为了精准传达思想内容和目的情绪所采用的方法和手段。这些技巧包括但不限于恰当的停顿、富有变化的语调、明确的重音以及和谐的节奏等。通过这些技巧的运用,朗读者能够更有效地将作品的情感和意义传递给听众,从而提升朗读的整体效果。

(1)停顿

停顿是在词语之间、句子内部、句子之间或层次之间声音上的间歇,它对于朗读的表达至关重要。停顿的产生主要基于以下几个原因:首先,朗诵者生理上的需要,如呼吸调节;其次,句子结构上的需要,以保持语句的清晰和逻辑性;再次,充分表达思想感情的需要,通过停顿来增强语言的感染力;最后,留给听众领悟、思考、理解和接受的余地,帮助听众更好地理解作品的含义,加深印象。

基于这些原因,停顿可以细分为三种类型:生理停顿,即满足朗诵者呼吸等生理需求的停顿;语法停顿,即根据句子结构需要进行的停顿;强调停顿,即为了突出某个词或某个情感而故意设置的停顿。恰当运用这些停顿技巧,能够使朗读更加生动、有力,更有效地给听众传达信息。

①生理停顿

生理停顿,亦称为气息停顿,是指在朗诵过程中,朗诵者根据自身的气息需求,在不破坏语义完整性的前提下,进行的短暂停歇。这种停顿有助于朗诵者调整呼吸,保持朗诵的流畅性和节奏感。

我们通常使用符号来表示不同长度的停顿:

"｜"用于表示较短的断句停顿,适合在句子内部的小节或短语之间使用;

"‖"用于表示较长的断句停顿,通常出现在句子与句子之间,或者是较长的语段分隔处;

"'"用于表示较短的内部停顿,这种停顿发生在短语内部,用以突出词语的某个音节或部分;

""用于表示较长的内部停顿,这种停顿同样发生在短语内部,但其持续时间比"'"稍长,用以增强语句的节奏感或强调某个音节。

示例：

我想，｜这是因为他们都知道：‖正是这些老人们的'流血牺牲'换来了'包括他们信仰自由在内的"许许多多。

②语法停顿

语法停顿，即根据标点符号来进行的停顿，它体现了句子内部的语法结构关系。在书面语中，这种停顿通过标点符号来体现。通常情况下，不同标点符号对应的停顿时间长短不一，其由短到长排列顺序大致如下：顿号/括号→逗号/引号→句号→冒号/破折号→问号/感叹号/省略号。

示例：

您坐过乌篷船吗？……‖窄窄的船身，｜低低的船篷，｜船篷是用竹片夹着箬壳编成的。‖蓬上用烟囱灰和着桐油漆成黑色，｜绍兴人把黑色叫成乌，｜它就叫乌篷船。‖

③强调停顿

强调停顿，顾名思义，是为了突出某一事物、强调某个语意或情感，以及增强语气的特殊间歇与连接。这种停顿不同于语法停顿，它可以在非语法停顿的位置进行适当的间歇，或是在语法停顿的基础上调整停顿的时间长度。强调停顿的运用，主要依赖于对朗读作品内容的深入揣摩和对内在含义的深刻体会，从而巧妙设计出能够增强表达效果的停顿点。

在实际朗读或演讲中，恰当地运用强调停顿能够吸引听众的注意力，加深语言的印象，使表达更加生动有力。通过在关键信息前后设置停顿，可以有效地引导听众的思考，增强语言的感染力。因此，掌握强调停顿的技巧，对于提升语言表达的艺术性至关重要。

示例：

这个小女孩坐在墙角，两腮通红，嘴上带着微笑。她死了，在旧年的大年夜｜冻死｜了。

(2)语气

语气，是指朗读者在特定思想感情的驱使下，语句所展现的声音形式。其中,"语"指的是通过声音传达的"话语",而"气"则是支持这种声音表达的"气息状态"。在朗读作品时,语气的体现主要集中在两个核心方面:内在情感的色彩与分量(即"神"),以及外在声音形式的高低、快慢、强弱、虚实等变化(即"形")。语气是朗读话语中"形"与"神"的完美融合。

为了在朗读中达到"形神兼备"的效果,朗读者不仅需要深入理解和掌握作品的主旨,还需恰当地把握情感、气息和声音状态。朗读者通过声音和气息将作品的情感传递给听众,不同的声音和气息会传达出不同的情感。语气的运用遵循以情运气、以气托声、以声传情的基本规律。

语调,则是语气外在表现的总和,涵盖了声音的高低、快慢、强弱、虚实、长短等多种形式。语调是语气的载体,通过丰富的语调变化,语气得以具体展现。正确运用语调,可以使朗读更加生动和富有感染力,从而更有效地传达作品的情感和意境。语调大致包括以下几类。

①平调

在语言表达中,呈现平直舒缓的语句,没有显著的升降变化,句首与句尾保持在相近的音高水平。这种语调常用于表达庄严、平淡、悲痛或迟疑等情感。它通过稳定的音高和节奏,传达出一种平静而深沉的情感氛围,使听者能够感受到话语背后的稳重与深意。在朗读或日常交流中,恰当运用这种语调,可以有效地增强语言的表达力和感染力。

**示例:**

陶行知不仅是著名的教育家、思想家,而且还是伟大的民主主义战士。

②升调

在语言表达中,有些句子常以前低后高的语调呈现,即句尾的语音明显高于句首。这种升调多用于疑问句,或是用来表达惊讶、激励和号召等情感。它通过语调的上扬,传达出一种疑问或强烈的情感波动,使听者能够感受到话语中的不确定性或情感的激发。在朗读或日常交流中,恰当运用升调,可以有效地增强语言的互动性和感染力。

**示例:**

小刚,你今天都完成了哪些作业?

③降调

在语言表达中,也有些句子往往采用由高到低的语调模式,即从句首向句尾逐渐降低,句尾的语音低沉且短促。这种降调多用于感叹句和祈使句,或是用来表现坚定、自信的语气。通过语调的下降,传达出一种肯定和决断的情感,使听者能够感受到话语中的力量和自信。在朗读或日常交流中,合理运用降调,可以有效地增强语言的说服力和权威性。

**示例:**

小艾,你真是个小傻瓜!

④曲调

在语言表达中,句子的语调往往呈现出"低—高—低"或"高—低—高"的复杂曲折变化。这种曲调的使用,常用于表达反语、讽刺、暗示和双关等微妙的语气。通过语调的高低起伏,说话者能够巧妙地传达出言外之意,增强语言的深度和趣味性。在文学创作或日常对话中,恰当运用曲调,可以使语言更加生动,富有表现力。

**示例:**

东东,这件事情你怎么可以这样做呢?

(3)重音

在朗读过程中,重音的运用至关重要。它是指根据句子所要传达的语意,有意识地重读某些字词或短语。通常,重音通过增强声音的强度来体现。这种技巧可分为两种类型:语法重音,它遵循语言的固有结构和规则;强调重音,它用于突出关键信息或情感表达。正确使用重音不仅能增强语言的表达力,还能帮助听者更好地理解和感受说话者的意图。

①语法重音

语法重音是指根据句子的语法结构特点,为了突出句子中的特定成分而有意识地重读这部分内容。其常见规律包括:在简短的句子中,谓语通常被重读;动词或形容词前的状语也常被强调;动词后面的补语,由形容词、动词或某些词组充当,同样常被重读;名词前的定语以及某些代词也经常受到强调。值得注意的是,语法重音的强度并非绝对固定,而是在同一语句中与其他部分相比较,显得更加突出一些。这种重音的运用有助于清晰表达句子的结构和重点,增强语言的表达效果。

**示例:**
他走了。
大灰狼慢慢地靠近小兔子。
这是谁家的熊孩子?

②强调重音

强调重音,亦称为逻辑重音,是为了突出特定的情感或语意,而对句子中的某些词语进行特别加强的读音处理。与语法重音不同,强调重音并无固定的规律可循,其位置需要在朗读时根据作品的上下文联系及所要表达的情感来灵活确定。在实际运用中,强调重音与语法重音可能一致,也可能有所差异。当两者发生冲突时,强调重音应当让位于语法重音,以确保语言的结构清晰和重点突出。这种重音的运用能够增强语言的表现力,使听者更易于捕捉到信息的关键点。

**示例:**
我不认识这个人。(回答"是谁不认识")
我不认识这个人。(回答"认不认识")
我不认识这个人。(回答"哪个人")

(4)节奏

节奏,作为一种语言艺术的表现手法,是指在朗读过程中,通过声音的抑扬、顿挫、轻重、缓急等要素的交替变化与往复呈现,来模拟和传达作品中思想情感的波动与流动。这种声音形式的起伏变化,不仅构建了语言的韵律美,也是情感表达的重要手段。节奏的恰当运用,能够增强作品的感染力,使听者更加深入地感受到作者的情感世界和思想深度。常见的节奏类型包括:

①轻快型

朗读时,语调宜轻快流畅,多采用上扬的音调,减少下沉,轻音多于重音,连接多于停顿。这样的朗读风格适用于如《小蝌蚪找妈妈》《拇指姑娘》等故事,能够营造出一种轻快、活泼的氛围,更贴近儿童的听觉感受,易于吸引和保持他们的注意力,同时也更符合这些故事本身的情感色彩和叙述节奏。

②紧张型

在朗读时,应加快语流速度,增大语言的信息密度,多使用上扬的音调,减少下沉,重音多于轻音,语气应短促、紧张。这种朗读风格适合于如《飞夺泸定桥》《最后一次讲演》等题材,能够有效地传达出紧迫感和动态感,使听众能够感受到故事或演讲中的紧张气氛和强烈的情感表达,增强作品的感染力和表现力。

③高亢型

在朗读时,应保持语流的流畅性,语速宜快,语气宜高昂,语调宜多上扬,停顿宜少,连接宜多。这种朗读风格适用于《海燕》《白杨礼赞》等作品,能够有效地展现作品中的激情与力量,使听众感受到文字背后的情感波动和生命力,增强作品的感染力和生动性。

④低沉型

在朗读时,应采取沉缓的语流,语速宜慢,语调宜多抑少扬,重音宜多,轻音宜少。这种朗读风格适合于《十里长街送总理》《卖火柴的小女孩》等作品,能够营造出一种庄重、哀婉的氛围,使听众深刻感受到作品中的情感深度和内涵,增强作品的感染力和表现力。

(二)不同文体的幼儿文学作品朗读训练

在幼儿文学的广阔天地中,不同文体的作品各具特色,它们的结构与内容迥异,因此对朗读的要求也各不相同。通常情况下,朗读的文体涵盖了幼儿诗歌、寓言、童话以及幼儿散文等。在这些文体中,幼儿诗歌与幼儿散文尤为常见,它们是孩子们朗读时的首选。

幼儿诗歌,以其韵律和谐、节奏明快的特点,易于儿童记忆与模仿,朗读时宜注重节奏与音韵的把握,让孩子们在琅琅书声中感受语言的美妙。而幼儿散文,则以其语言优美、情感细腻见长,朗读时应注重情感的传递,让孩子们在温馨的语境中体会文字背后的深意。

寓言和童话是幼儿文学中的瑰宝,它们通过生动的情节和鲜明的形象,启迪孩子们的思考。朗读这类作品时,应注重角色语气的变化,以及情节起伏的把握,让孩子们在故事的海洋中遨游,感受想象力的无限魅力。

1. 幼儿诗歌的朗读

幼儿诗歌,作为一种特殊的文学形式,其语言结构分行分节,通过富有节奏感和韵律美的语言,以高度凝练的方式,形象生动地传达出作者深邃的情感。这类诗歌体裁的作品特别适合幼儿吟唱,能够激发孩子们的想象力和审美情趣。

(1) 幼儿诗歌的特点

幼儿诗歌,以其深邃的思想感情和丰富的想象力,展现了语言的凝练与形象性的高度统一。它拥有鲜明的节奏、和谐的音韵,以及浓郁的音乐美,通常以分行排列的形式,强调结构形式的美感。幼儿诗歌的三大特点如下:

①内容集中反映社会生活

幼儿诗歌的内容是对社会生活直接、生动的反映,它通过简洁的文字,传达出丰富的生活经验和深刻的社会观察。

②感情与想象丰富

幼儿诗歌充满了丰富的感情色彩和无限的想象力,它能够激发幼儿的情感共鸣,培养他们的创造力。

③语言精练、形象,音调和谐,节奏鲜明

幼儿诗歌的语言力求精练,形象生动,音调和谐,节奏鲜明,朗朗上口,易于幼儿吟唱和记忆。

**示例:**

**赠汪伦**

【唐】李白

李白/乘舟/将欲行,
忽闻/岸上/踏歌声。
桃花/潭水/深千尺,
不及/汪伦/送我情。

(2)幼儿诗歌的类型

幼儿诗歌主要分为格律诗和自由诗两种。格律诗的特点在于其严谨的结构,包括字数、句数、平仄、押韵等方面都有严格的规定。以起源于南北朝并成熟于唐初的律诗为例,它通常由四联八句组成,每句字数必须一致,可采用四韵或五韵,中间两联必须对仗,第二、四、六、八句需押韵,首句则可押韵亦可不押韵。五言、七言的绝句和律诗是最典型的格律诗形式。

相较之下,自由诗在形式上则显得更为灵活。它在章节、字数、句数、节拍、对偶、平仄等方面的要求较为宽松。尽管自由诗在形式上享有较大的自由度,但在朗读时,我们仍需注意把握其内在的节奏,以体现诗歌的韵律美。这样,无论是格律诗还是自由诗,都能在幼儿的心灵中播下美的种子,激发他们对诗歌的热爱和对语言艺术的探索。

**示例:**

独坐敬亭山

【唐】李白

众鸟/高飞尽,

孤云/独去闲。

相看/两不厌,

只有/敬亭山。

出门游

天气好,出门游,

坐在车上慢悠悠。

安全带,要扣牢,

我和小树都远游。

我往前,树往后,

好像我走树也走。

车没动,我没走,

我和小树都停留。

(3) 幼儿诗歌的朗读技巧

①充分表现幼儿诗歌的感情

幼儿诗歌作为一种极具抒情性的文学形式,其朗读前的准备工作尤为关键。朗读者需深入理解诗歌的内容及其所蕴含的情感,与作者的思想感情达成共鸣,从而将个人情感与诗歌内容融为一体。朗读者在这一过程中扮演着桥梁的角色,连接着诗人与听众。作为诗人的代言者,朗读者有责任将诗歌中的情感转化为能够触动听众心灵的有声语言,以此感染并打动观众。

为了达到这一目的,朗读者首先需要对诗歌进行深入的研究,细致地品味诗句间的情感,与诗人的情感产生共鸣。随后,朗读者会激发出强烈的表达欲望,将内心丰富而复杂的情感通过声音的形式表达出来。在朗读幼儿诗歌时,应确保情感的真挚与饱满,同时做到情感表达得恰到好处,既不过分夸张,也不显得生硬,以确保诗歌的美感和教育意义得到最佳的传达。通过这样的朗读,幼儿不仅能够感受到诗歌的美妙,还能在情感上得到滋养和启发。

**示例:**

**题西林壁**

【宋】苏轼

横看成岭/侧成峰,

远近高低/各不同。

不识庐山/真面目,

只缘身在/此山中。

这首诗通过描绘庐山多变的风貌,巧妙地借景抒发哲理,强调了观察问题时应当保持客观和全面的态度。若仅从主观和片面的角度出发,便难以得出正确的结论。诗中并未具体描绘庐山的特定景致,而是概括性地表达了游览庐山的整体感受,以此来阐述生活的哲理,激发读者的深思。

在朗读这首诗时,应采用平稳且不过快的语速,以及适中的音量,为听者留下充分的想象空间和回味的余地。这样的朗读方式有助于听者更好地沉浸于诗歌所传达的意境和哲理之中,从而更深刻地体会诗人的意图和作品的内涵。通过这种方式,诗歌不仅传达了表面的景致描述,更深层地引导读者思考生活中的普遍真理。

②充分展现幼儿诗歌的意境

幼儿诗歌的意境,是诗人运用精妙的语言文字,精心构建的情景交融、形神兼备的艺术境界。这种境界与诗人深沉的思想感情和生动的形象紧密相连,是诗歌的灵魂所在。幼儿诗歌的意境不仅蕴含着诗人深邃的思想和丰富的情感,还通过鲜明生动的意象展现出来。

在朗读诗歌时,首要任务是深入感受诗歌的意境。通过深入的思索、丰富的想象,紧紧把握诗歌具体而微妙的构思。同时,朗读者还应激发浓烈的情感,达到"因境抒情"的境界。通过有声语言的表达,使听众能够领悟诗歌的意境,深刻掌握诗歌的内涵。这样的朗读,不仅是对诗歌意境的再现,更是对诗人情感和思想的传递,让听众在声音的引导下,与诗歌的灵魂产生共鸣。

**示例:**

### 观沧海

【东汉】曹操

东临碣石,以观沧海。
水何澹澹,山岛竦峙。
树木丛生,百草丰茂。
秋风萧瑟,洪波涌起。
日月之行,若出其中。
星汉灿烂,若出其里。
幸甚至哉,歌以咏志。

这首诗,乃曹操北征乌桓凯旋之际,途经碣石山时所赋。诗人步履登上碣石之巅,目睹了一片广袤无垠的大海。海面之上,岛屿点缀其间,岛上山峦高耸挺拔,更映衬出海的辽阔无边。秋风乍起,海浪涌动,波涛汹涌,此景此情已令人心潮澎湃。然而,诗人并未止步于此,他仿佛窥见了日月星辰在海中起落运行,这虽是诗人的遐想,却真切地展示了诗人那超越海洋的壮阔胸怀。曹操借由大海的雄浑壮丽,抒发了自己渴望建功立业、统一中原的宏伟抱负与宽广心胸。在朗读此诗时,应深入体会诗人当时的心境,并将这难以言传的"意境"通过语言生动地传达出来。

③充分体现幼儿诗歌的音韵美

音韵美是幼儿诗歌与其他文学体裁显著的区别之一,通过朗读能够将这种美妙表现得淋漓尽致。幼儿诗歌中的音韵美主要体现在以下几个方面:首先,强调韵脚,在朗读时应有意识地突出韵脚,可以通过轻微的重读或延长音节来实现;其次,掌握语调,朗读时应留意诗句的抑扬顿挫,恰当调整语调的高低变化;最后,把握节奏,朗读时要注意体现出诗句的节奏感,可通过在节拍之间留出极短的停顿,或延长前一音节的读音等技巧,来突显幼儿诗歌节奏鲜明、旋律优美的特点。

**2. 幼儿散文的朗读**

(1)幼儿散文的特点

幼儿散文,作为一种以叙述或抒情为核心的文学形式,其特点在于选材广泛、篇幅紧凑、表现手法多样、情感丰富。其核心特质可概括为"形散神不散"。所谓"形散",指的是在选材上具有极大的自由度,不受时间与空间的束缚,结构上灵活多变,不拘泥于固定模式。而"神不散",则强调立意深远,主题统一集中。

幼儿散文通过运用优美的语言,温馨而真诚的情感,旨在感染并打动幼儿的心灵,为他们带来愉悦与美感。这种文学形式不仅注重语言的口语化和生活化,更融入了生动形象、规范优美的书面语元素,有效地促进了幼儿语言能力的发展与提升。

(2)幼儿散文的朗读技巧

①理清线索,明确主题

幼儿散文尽管在选材和结构上展现出广泛的自由度和灵活性,但其核心始终围绕一条清晰的主线,确保全文的连贯性与完整性。在准备朗读之前,我们需在题材和结构中,准确把握幼儿散文的主线,明确其主题思想。朗读过程中,关键在于捕捉并传达散文的"神韵",通过恰当的语音表达展现作品的层次与结构,从而有效地传达作品的主题和意境,彰显幼儿散文的独特魅力。

以朱自清的《荷塘月色》为例,这篇抒情幼儿散文巧妙地将历史与现实、内心情感与外在景象交织在一起。作者运用精湛的语言技巧、生动的形象描绘、深厚的知识储备以及精妙的构思,为我们呈现了一幅立体而细腻的"荷塘月色"画面。在朗读时,若仅停留在对画面的描述上,而忽略了文中隐含的"不安宁"情感,便无法完整传达作者通过情景交融所营造的深邃艺术境界。因此,深入理解和表达作品中的情感层次,是朗读幼儿散文的关键所在。

②感情真挚,情真意切

幼儿散文以其强烈的抒情性著称,作者通过将深沉的情感融入作品,旨在触动读者的心灵,实现教育与感染的双重目的。对于朗读者而言,首要任务是深入理解、体会并感受作者的情感,以此激发与作者的共鸣。在朗读过程中,应力求准确传达作品中蕴含的情感,充分展现作品所塑造的人格意象。若未能深刻理解和体会作者的情感与情绪,朗读可能显得平淡无奇,或者流于夸张和做作。因此,幼儿散文朗读的情感表达应追求真实、亲切、自然,贴近生活,以打动人心。

以茅盾的《白杨礼赞》为例,该作品运用象征手法,通过对白杨树非凡形象的颂扬,赞美了抗日军民及整个中华民族的团结一心、积极进取、坚韧不拔的革命精神和斗争意志。在朗读时,必须精准把握这种情感基调,确保情感的传递既深刻又真挚,从而使听者能够深刻感受到作品的力量与美。

③抓住特点,富于变化

幼儿散文作为一种灵活自由、无拘无束的文学形式,其多样性体现在不同类型的散文所独具的特点上。在朗读时,我们应根据散文的类型,调整表达的侧重点。对于叙事散文,我们需细致把握事件的发展脉络及人物特征,突出展现人物行为与事件背后深层的寓意;在朗读抒情散文时,应着重捕捉情感的萌发,传递作者寄托于作品中的美好情愫;而在处理议论散文时,则需清晰表达观点,同时注意将观点与叙述、描写、抒情等元素融合,把握语言的节奏变化及语气的转换,以凸显议论散文的特质。

朗读者应深入理解散文的语言特色,恰到好处地调控语调的高低、强弱及节奏的快慢,力求真实地传达作者的情感,使听者能够深刻感受到作品的魅力。

(3)幼儿散文的朗读方法

幼儿散文教学是幼儿园语言教育的核心内容之一,其中,倾听在教学活动中扮演着至关重要的角色。幼儿园教师对幼儿散文的朗读质量,直接影响着教学效果。那么,如何才能将幼儿散文朗读得更加出色呢?

①在朗读幼儿散文时,教师应深入幼儿的心灵世界,用童真的视角去感受文本,确保情感表达真挚而自然,让幼儿能够感同身受。

②朗读时,不仅要准确传达那些充满画面感和色彩感的语言,还要确保每个字词都蕴含情感,让幼儿在聆听中体验到美的享受,从而开阔视野,激发他们的想象力。

③为了增强幼儿对散文的欣赏体验,教师可以通过展示画面、配以音乐等方式,营造适宜的欣赏情境。首先吸引幼儿进入情境,再引导他们产生情感共鸣,最终让他们在美的感受中获得成长。

## 二、幼儿故事讲述训练

### (一)什么是幼儿故事讲述

故事,作为一种文学形式,是指通过一系列具有因果联系的生活事件构成的叙事性作品。这类作品侧重于描绘事件的发展过程,强调情节的连贯与递进,而对人物性格的刻画通常较为简略。幼儿故事则是专为幼儿创作的叙事文本,其特点在于内容浅显易懂、构思巧妙、情节生动有趣、充满童趣,且语言简洁明了,符合幼儿的认知水平和心理特征。

讲故事是幼儿早期教育中极为常见且有效的方法,它与幼儿爱幻想、好奇、活泼的天性高度契合。通过聆听故事,幼儿不仅能获取各种知识,还能在精神上得到愉悦。

幼儿故事的讲述,是将我们所阅读、所听说、所改编或原创的幼儿故事,通过口语化的表达方式,生动形象地传达给幼儿。优秀的故事讲述,有助于幼儿积累生活经验、激发智力潜能、促进思维发展、丰富知识储备、拓宽视野以及提升语言能力。因此,幼儿故事的讲述不仅是幼儿喜闻乐见的寓教于乐手段,也是幼儿园教育中不可或缺的一环,更是幼儿园教师必须掌握的专业技能之一。

### (二)幼儿故事讲述的要求

幼儿故事讲述者应当深入了解幼儿故事的特性,并针对幼儿的思维模式,采用形象生动的口语表达技巧,将故事中人物和事物的声音、动作、神态及心理活动等元素,以鲜明、具体的方式呈现给幼儿,使其仿佛亲历其境。幼儿故事的讲述应遵循以下几点要求。

1. **使用通俗口语**

讲述时应采用幼儿能够理解并接受的日常语言,确保语言的通俗易懂,便于幼儿听懂和吸收。

2. **运用语言技巧**

充分利用语言的语调、重音、停顿等要素,生动地描绘出故事人物的个性和情节的推进。同时,巧妙运用拟声手法,增强故事的感染力,激发幼儿的想象力和联想能力,营造出引人入胜的氛围。

### (三)幼儿故事讲述的技巧

在向幼儿讲述故事之前,讲述者需精心挑选具有教育意义且符合幼儿身心发展特点的故事。以此为基础,结合讲述技巧,将幼儿故事以完整、生动、形象的方式展现给幼儿,确保故事的教育价值和趣味性得以充分体现。幼儿故事讲述的技巧主要有以下几个方面。

1. **熟悉故事**

在选定了适宜的故事素材之后,讲述者需深入研读故事,全面掌握其内容,梳理故事脉络,牢记故事的标题、角色、事件及背景等结构要素。故事研读的重点包括:首先,剖析故事的主题,确立讲述的情感基调;其次,解析故事情节,明确故事的起始、发展、高潮或低谷及结局;再次,探究故事中人物的性格特质,通过声音、语调、节奏等技巧,生动展现不同角色的性格及其在故事中的演变。通过这样的细致分析与准备,讲述者能够更好地将故事生动地呈现给听众。

2. **合理加工**

对幼儿故事的加工通常涉及故事文本和讲述语言两个层面。加工的核心内容包括主题、情节和语言。在加工故事时,应遵循以下原则:首先,主题应简单易懂,便于幼儿理解;其次,情节需生动有趣,以吸引幼儿的兴趣;最后,语言应通俗易懂、生动形象,并且简洁明了。通过这样的加工,故事将更加贴合幼儿的认知特点和喜好,从而有效地吸引他们的注意力并促进他们理解。

(1) 故事改编

讲故事不仅仅是读故事或背诵故事。在讲述之前,讲述者需要对故事有深入的了解和喜爱,充分理解故事的主题、内容和情节,并形成自己对故事的独特态度和情感。通过将自己的感受融入故事中,讲述者可以对故事进行再加工和再创作。对幼儿故事进行改编的主要目的是使其更加"故事化"和"幼儿化",即让故事更能吸引和打动幼儿,触及他们的心灵。常见的改编方法包括:①增添细节,丰富故事情节,增强故事的趣味性;②精简内容,删减部分情节,以突出故事的主题;③简化语言,将复杂的语言转换为幼儿易于理解的语言,将难以理解的情节转换为幼儿容易理解的情节。通过这些方法,故事将更加生动有趣,更符合幼儿的认知和情感需求。

(2) 语言转换

故事文本通常由儿童文学作家精心创作。为了确保故事内容的完整性、情节的生动性和趣味性,并满足阅读的需求,作家们往往在词汇和句式上使用较为书面化的语言。然而,这些书面文本并不适合直接用于向幼儿讲述,因为它们与幼儿的语言理解水平不相符。因此,讲述者在向幼儿讲述故事时,必须将书面语转换为幼儿能够理解、听懂的口语。这包括使用更多幼儿熟悉的词汇,并使讲述语言更加生动活泼,更加贴近幼儿的日常生活。通过这种方式,不仅能够更好地吸引幼儿的注意力,还能帮助他们更好地理解和享受故事。

(3) 增加楔子

在元杂剧中,"楔子"是指加在第一折之前或插在两折之间的片段,其主要功能是介绍人物和情节,并加强不同情节之间的联系。在向幼儿讲述故事时,利用楔子来引发幼儿的听故事兴趣和激发他们对故事内容的好奇心显得尤为重要。因此,讲述者可以在故事的开头或在故事中间巧妙地增加楔子,以此营造一个良好的故事讲述氛围。这样的做法有助于集中幼儿的注意力,并有效地激发他们的好奇心和探究欲,使他们更加投入和享受故事的讲述过程。

**3. 辨明"表""话"**

在故事讲述的过程中,核心手段主要包括"表"与"话"。所谓"表",即讲述者通过充满情感的语言、生动的动作及表情,将故事中人物的性格和思想感情栩栩如生地展现出来,从而营造出故事发生及发展的独特氛围。而"话",则是指讲述者直接向听众叙述故事的内容和情节,通过清晰、连贯的叙述,引导听众逐步深入故事的世界。这两者相辅相成,共同构建起一个引人入胜的故事空间。

(1)"表"的技巧

"表"在故事讲述中是通过声音形象的塑造、拟声词的巧妙运用以及态势语言的辅助来实现的。为了精准地描绘人物的性格、年龄、性别及身份等特征,讲述者需运用多样化的声音来区分不同角色。此外,通过拟声技巧,讲述者能够生动地再现自然界的声音,以此增强故事的氛围感,提升其形象性与真实性。在讲述过程中,讲述者应灵活运用表情、动作、眼神和手势,将作品中的情感态度表现得淋漓尽致,同时确保这些非语言元素随着故事情节的发展而适时变化,以便更有效地吸引听众,加深他们对故事的理解与感受。

(2)"话"的技巧

在故事讲述中,区分叙述语言与人物对话至关重要。叙述语言主要用于提供故事背景,包括时间、地点、人物及事件的详细信息,同时也涉及故事情节的发展脉络和因果关系。在叙述过程中,讲述者应传达自己对故事中人物与事件的情感态度。而人物对话则是展现人物性格和情感的工具,用于深度刻画人物形象。讲述者需根据各人物的性格特点和情感状态,运用不同的语调、音量、语速和音色,使人物对话生动活泼。

叙述语言应保持客观的语调和稳定的节奏,而人物对话则需表现出更多的生动性、夸张性和趣味性。两者之间既要形成鲜明对比,又要相互映衬,共同营造出语调与节奏的错落有致之美,从而增强故事的吸引力和感染力。

(四)看图讲述故事的技巧

在幼儿园的语言教育中,看图讲述故事是一种常见且有效的方法。这种方法通过解读画面内容及其深层含义来构建故事,画面可能是一幅,也可能是多幅。掌握看图讲述故事的技巧至关重要。

① 细致入微地观察画面,遵循一定的观察顺序,深入了解图片中的环境设

置、人物角色以及发生的事件,并清晰地理解人物之间的关系以及不同画面之间的联系。

② 要充分利用想象力,补充画面未能直接呈现的信息,使故事更加丰富和完整。

③ 在讲述故事时,要确保用词准确且生动形象,注重故事的内在逻辑结构。特别是在处理多幅图画时,要注意各图之间的过渡和连接,确保故事的连贯性和完整性。

通过这样的技巧运用,看图讲述故事不仅能提升幼儿的语言表达能力,还能激发他们的想象力和创造力。

## 练一练

1. 运用朗读技巧,朗读下面诗歌。

**春天的秘密**

佚名

春天来了,春天来了,
春天在哪儿呢?
小河里的冰融化了,
河水渐渐沥沥地流着,
小声地说:"春天在这儿!
春天在这儿!"

春天来了,春天来了,
春天在哪儿呢?
垂柳换上了嫩绿的新装,
在微风中轻轻地飘扬,
小声地说:"春天在这儿!
春天在这儿!"

春天来了,春天来了,
春天在哪儿呢?
桃花红着脸,
抿着小嘴,
微笑着说:"春天在这儿!
春天在这儿!"

春天来了,春天来了,
春天在哪儿呢?
燕子飞翔在蔚蓝的天空里,
唧啾唧啾地叫着,
小声地说:"春天在这儿!
春天在这儿!"

春天来了,春天来了,
春天在哪儿呢?
绿油油的麦苗,
使劲地从泥土里往上钻,
小声地说:"春天在这儿!
春天在这儿!"

春天来了,春天来了,
春天在哪儿呢?
农民伯伯忙着播种,
拖拉机轰隆轰隆地嚷:
"春天在这儿!
春天在这儿!"

哈哈!春天真的来了,
春天真的来了!

我看见了春天的秘密,
我要把它牢牢记在心里。
——引自郑光中:《幼儿文学教程》,四川民族出版社1998年版,第163—165页,有删改。

2. 朗读下面的诗歌。

### 惠崇春江晚景
【宋】苏轼
竹外桃花三两枝,
春江水暖鸭先知。
蒌蒿满地芦芽短,
正是河豚欲上时。

### 三衢道中
【宋】曾几
梅子黄时日日晴,
小溪泛尽却山行。
绿阴不减来时路,
添得黄鹂四五声。

3. 运用故事讲述技巧,生动地讲述幼儿故事。

### 想要开花的树
春天来了,花园中一株小小的树苗刚刚破土而出。
不知不觉间,它长出了一个又一个嫩绿的叶子,
还有结实而逐渐粗壮的枝干。
可是……

它却不开心,因为它不会开花。
花园中开满了各式各样,色彩鲜艳的花朵。
小树苗有些难过,耷拉着它的叶子。
但是,小树苗并没有放弃,它静静地期待自己开花的时候。
它心向阳光,不畏风雨,茁壮成长。
夏天到了,它用自己的树冠给小兔子遮挡炎炎烈日;
它让小鸟在自己的枝丫上筑巢安家。
不知不觉间,小树苗长成了一棵参天大树。
不过,它还是因为不会开花而伤心。
树爷爷仿佛读懂了它,
树爷爷说:"小树苗,恭喜你,如今已经成长为
一棵既健康又健硕的大树了。
虽然你不能开出漂亮的花朵,但是大家依然爱你呀!
你只需要做你自己就好!"
小树苗听了树爷爷的话,用力摇了摇自己的枝丫,
释然地笑了!

## 阅读资料

### 朗读过程可分为四大环节

第一个环节是熟悉作品,即熟悉朗读作品的内容,扫清文字的障碍。

第二个环节是理解作品,即分清朗读对象,确定朗读目的,把握朗读基调,设计朗读符号。

第三个环节是感受作品,即形象感受作品和逻辑感受作品。

第四个环节是表达技巧,包括语气、连顿、重音、节奏。

## 故事讲述的注意事项

### 1. 从看图讲述到脱离图书

鉴于幼儿的生活经验相对有限,他们的认知过程具有直观性,因此在向他们讲述故事时,首先应从图画书入手。选择那些画面生动、文字简洁的书籍,这样有助于孩子们更好地理解和吸收。随着时间的推移,可以逐渐引导他们过渡到无须依赖图书就能聆听故事的阶段。

当遇到孩子们难以理解的部分时,可以通过展示相关的精美图片或表演一些有趣的肢体动作来辅助解释。重复讲述这些难点,有助于加深他们的理解。通过这种互动和重复的方式,不仅能够增强孩子们的理解力,还能提高他们的专注力和记忆力。

### 2. 讲故事的时间不宜过长

对于1至2岁的幼儿,讲故事的时间应以其兴趣为主,一旦观察到他们的注意力开始分散或表现出不耐烦的情绪,应立即停止讲故事。而对于3岁左右的孩子,讲故事的时间建议控制在15分钟以内。当孩子年龄达到4岁以上时,可以适当延长讲故事的时间至30分钟左右。

在给孩子讲故事时,确保语言生动、富有感情,并且使用标准的普通话进行讲述。故事中的对话部分,应尝试运用不同的语调来表达,这样可以更有效地吸引孩子的注意力,增强故事的吸引力。通过这样的方式,不仅能够提升孩子的语言理解能力,还能培养他们的情感表达和审美情趣。

### 3. 讲故事的过程中吐字要清晰,声音要活泼

在讲述故事时,应特别注意避免发音错误,并力求使语音语调生动活泼,以增强故事的吸引力和感染力。通过清晰准确的发音和富有变化的语调,可以更好地吸引听众的注意力,提升故事的趣味性和教育意义。

### 4. 讲故事时要有非言语沟通

在讲故事的过程中,除了通过言语进行交流外,讲述者与幼儿之间的目光及肢体交流同样至关重要。这些非语言的沟通方式有助于幼儿更好地理解故事的深层含义。因此,讲述者应当注意配合故事的情节,运用恰当的姿势、丰富

的表情以及语调的变化,进行一场戏剧性的表演,以此激发孩子们的兴趣,使他们更加投入和享受故事带来的乐趣。这样的互动不仅能增强故事的吸引力,还能在无形中提升幼儿的情感认知和社交技能。

### 5. 适当地设计问题来吸引孩子的注意力,启发孩子多动脑筋

在讲述故事时,讲述者应当巧妙地引入一些开放式问题,例如:"为什么""和谁""如何""何时""何地"等。这类问题为幼儿提供了广阔的思考空间,鼓励他们自行展开想象,补充故事情节。通过这样的互动,不仅能够有效锻炼幼儿的语言表达能力,还能够潜移默化地培养他们的逻辑思维和创造力。这种启发式的提问方式,能够在激发孩子兴趣的同时,促进其全面发展。

### 6. 多讲幼儿熟悉的故事

幼儿往往对那些已经听了无数遍的故事情有独钟,这是因为当他们对这些故事内容熟悉透彻后,能够从中获得一种理解的满足感和亲切感。因此,讲述者在给幼儿讲故事时,应当展现出充分的耐心,以绘声绘色的方式,反复多次地为他们讲述,以此来加深他们对故事的情感联系和理解。这样的重复不仅能够巩固幼儿对故事内容的记忆,还能增强他们的语言感知能力和情感体验,对幼儿的语言发展和情感培养都大有裨益。

### 7. 安排适当的环境

在讲故事的过程中,讲述者应与幼儿保持在同一视线水平,创造一个安静且舒适的环境。这样的设置有助于幼儿更好地集中注意力,沉浸在故事的世界中。通过平视的交流,讲述者能够更容易地捕捉到幼儿的反应和情绪变化,从而适时调整讲述的节奏和情感表达,使故事讲述更加生动和有效。这种互动不仅增进了讲述者与幼儿之间的情感联系,也为幼儿提供了一个理想的学习和娱乐环境。

### 8. 要用幼儿容易理解的方式讲解

在讲故事时,讲述者应当采用清晰、准确的语言,并且力求生动。所选词汇必须易于幼儿理解。例如,可以将复杂的长句分解为简短的句子,这样不仅有助于幼儿更好地把握故事的脉络,还能增强他们对语言的理解和记忆。通过这

种简洁而富有表现力的语言运用,讲述者能够更有效地吸引幼儿的注意力,使他们更深入地参与到故事中,享受阅读的乐趣。

### 9. 要选择主旨积极向上的故事

在为幼儿讲故事时,讲述者必须谨慎选择内容,避免包含任何恐怖元素或宣扬迷信思想的故事。这样的故事可能会在无意中给幼儿带来错误的认知和消极的影响,不利于他们形成健康的世界观。因此,讲述者应当选择那些积极向上、充满教育意义的故事,这些故事不仅能够激发幼儿的想象力,还能够帮助他们建立正确的价值观和乐观的生活态度。通过精心挑选和适当润色的故事,讲述者可以为幼儿营造一个安全、愉快的学习环境,促进他们全面而健康地成长。

# 第二章 幼儿园教师教学口语训练

**学习目标**

1. 掌握幼儿园教师教学口语的含义与特点。
2. 掌握各类教学环节用语的运用技巧。
3. 学会恰当使用导入语、讲解语、提问语、过渡语、结束语、评价语进行教学活动。

幼儿园教育工作目标是要促进幼儿素质的全面提高和个性的充分发展。在幼儿园教育情境中,幼儿园教师有目的、有计划地组织与指导幼儿进行各种各样的教学活动,幼儿园教师在教学活动中通过运用各种教学口语传授知识与技能,表达情感与态度,进而实现教书育人。

## 第一节 幼儿园教师教学口语概述

**案例导入**

在开展"食物的消化之旅"主题教学活动中的"食道的作用"环节时,教师首先通过投射食道的幻灯片,引导幼儿认识这一人体器官。教师亲切地询问:"这是什么?"幼儿们齐声回答:"这是食道。"教师肯定道:"小朋友说得对,那么我们来探讨一下,食道有哪些作用呢?"幼儿们积极回应:"它帮助我们消化。"教师进一步引导:"没错,食道确实有助于我们的消化过程。但它是如何帮助我们消化食物的呢?"幼儿们解释道:"食物先进入嘴巴,经过咀嚼后,通过食道,最终到达胃部。"教师表扬道:"说得很好,食物确实通过食道这一通道进入胃部。那么,你们知道食道是如何工作的吗?"幼儿们回答:"它会把食物弄碎。"教师补充道:"是的,食道有助于将食物破碎,促进消化。现在,让我们一起模拟食道的工作过程吧!"

随后,教师为了帮助幼儿们更直观地理解食道的工作原理,拿出了一根软塑料管,并在其中放置了一个小球。教师轻轻挤压软管,使小球缓缓下移,并解释道:"想象这根软管是我们的食道,而小球代表食物。当我们从嘴巴进食后,食道就会像这样工作。"幼儿们理解道:"把它挤下去。"教师肯定地回应:"没错,食道通过不断的挤压,将食物向下推进。这种动作我们称为'蠕动',即缓慢而有节奏的移动。大家一起来描述,食道的动作是什么呢?"全体幼儿齐声回答:"蠕动。"教师继续引导:"非常正确。食道通过不断的蠕动,将食物推送至下一个目的地。那么,食物最终会被推送到哪里呢?"幼儿们回答:"推到胃里。"教师赞扬道:"说得真好!食道的主要功能就是通过蠕动将食物推进胃中。现在,如果你们是食道,你们会如何模拟蠕动的动作呢?"幼儿们跟着教师的示范,做出蠕动的动作,身体缓缓下蹲,模拟食物在食道中的推进过程。随后,幼儿们在教师的指导下坐下,结束了这一互动环节。

通过这种生动形象的教学方式,幼儿们不仅学到了食道的功能和作用,还通过亲身体验加深了对消化过程的理解。

在这次主题教学活动中,教师巧妙地运用了导入、提问、讲解等多种教学技巧,有效地开展了教学活动。教师以规范且明确的语言向幼儿解释了食道的工作原理——通过蠕动机制帮助食物运送和消化。此外,教师还采用了递进式提问法,逐步引导幼儿深入思考,并鼓励他们用自己的话语表达观点。

在语言表达的同时,幼儿们通过肢体动作来模拟食道的蠕动过程,这种方式不仅增强了学习的直观性,也让抽象的科学知识变得生动有趣。尽管教师采用了讲解的教学方法,但其语言风格充满童趣,能够牢牢吸引幼儿的注意力,为他们营造了一个既愉快又和谐的学习环境。

这种教学方式不仅促进了幼儿对知识的理解和记忆,还激发了他们对学习的兴趣和参与感,体现了以幼儿为中心的教学理念。通过这样的教学活动,幼儿们在轻松愉快的氛围中获得了知识,同时也培养了他们的语言表达能力和科学探究能力。

## 一、幼儿园教师教学口语的含义

教学口语不仅是教学信息传递的载体与媒介,更是教师向学生传授知识、技能的核心工具。幼儿园教师教学口语特指那些根据具体教学任务,针对特定的幼儿群体,经过精心策划和组织,旨在有目的、有计划地完成教学任务所使用的语言形式。

在幼儿园的教育教学实践中,教师通过运用教学口语来传递教学内容,掌控教学进程,并指导幼儿进行练习,以此促进幼儿理解能力的提升和情感态度的培养。教学口语的运用必须立足于幼儿认知特点的基础之上,并紧密结合教学内容的实际需求进行全面考量。幼儿园教师在教学口语方面的能力水平,无疑是影响教学成效的一个极其关键的因素。

3至8岁正是幼儿语言发展的黄金时期,重视幼儿口头语言能力的培养,对于其认知能力的塑造以及未来书面语言的学习具有至关重要的作用。因此,幼儿园教师应当格外注意教学语言的选择与运用,充分发挥自身语言的示范效应,选用既符合幼儿年龄特点、心理状态又符合其接受能力的教学口语,以期达到提高教学质量,推动幼儿在知识技能、情感态度等多方面全面发展的目标。

## 二、幼儿园教师教学口语的特点

幼儿作为特殊的教育对象,展现出独特的身心发展特征和思维学习模式。这个时期恰好是幼儿口头语言习得的关键阶段。因此,幼儿园教师在教学中运用的口语是否能够精准匹配幼儿各方面的成长需求,对于他们的发展具有决定性的影响。那么,幼儿园教师教学口语应具有哪些特点呢?

(一)用语规范,富有知识性

幼儿园教师组织教学活动的核心目的在于传授知识。为此,幼儿园教师的教学口语不仅应富含信息,以丰富幼儿的知识储备,拓宽他们的视野,还应规范。教学口语的规范包含两方面:一是教学语言的规范,确保语言清晰、准确;二是教学内容的规范,确保所传达的知识正确、适宜。这两方面的规范有助于幼儿在正确的引导下健康成长。

### 1. 教学语言的规范

教学语言的规范体现在三个方面：语音规范、语汇规范和语法规范。首先，语音规范要求幼儿园教师使用标准的普通话，确保发音清晰准确。其次，语汇规范禁止教师在教学中使用不规范的网络词汇，以维护语言的纯洁性。最后，语法规范强调教师应以"典范的现代白话文著作"作为语法标准，避免在交流中使用方言中的语法规则，确保语言的规范性和教学内容的准确性。教学语言的规范有助于幼儿在学习过程中形成良好的语言习惯。

### 2. 教学内容的规范

幼儿园教师在组织教学活动时，其核心目的在于传授知识。因此，幼儿园教师所传授的知识内容必须是科学的、规范的。为了确保知识的准确性和有效性，幼儿园教师应严格遵循科学规律，并运用准确、严谨的语言来描述客观事物。这样的教学方式不仅有助于幼儿建立正确的知识体系，还能培养他们科学思考和严谨表达的能力。

## （二）直观形象，富有趣味性

幼儿的思维特点是具体和形象化的。由于幼儿的词汇量有限，他们在理解世界时，往往需要借助具体的动作、色彩、声音和形状等辅助手段。在幼儿的心中，他们周围的一切都仿佛具有生命，与他们自身一样鲜活：小猫遇到高兴的事情会像他们一样大笑，小老鼠调皮淘气，小鱼自由自在地游动，小熊喜欢吃糖果，小草在被人踩踏时也会感到疼痛。

为了与幼儿的思维特点保持一致，幼儿园教师在选择教学语言时，应确保语言具体形象且富有趣味性。鉴于幼儿对形象的依赖，幼儿园教师应当善于通过语言创造直观形象，以帮助幼儿理解和掌握各种抽象概念。这样的教学语言能更好地吸引幼儿的注意力，使他们在愉快的氛围中学习和成长。通过生动有趣的语言描述，教师可以激发幼儿的想象力，帮助他们更好地探索和理解世界。

**示例：**

"小朋友们，外面下雨了，让我们一起闭上眼睛，仔细聆听窗外的雨声。哗哗的声音，是不是像小河在轻轻流淌？而嘀嘀嗒嗒的节奏，又是否让你想起了钟表的响声？现在，睁开眼睛，看看这雨滴，它们像梳子一样密集，像针一样细腻，一串串地落下，多么像一串穿起来的珍珠啊！再往远处看，那些连绵不断的雨丝，又像是挂起的一道门帘。"

在中班的语言活动"金黄的秋天"中，教师为了激发孩子们对秋天典型事物的兴趣，巧妙地将秋天拟人化为秋婆婆："小朋友们，秋婆婆是多么的美丽啊！但是，她看起来有些不开心，因为她找不到她的朋友们了。你们愿意帮助秋婆婆，找到她的朋友们吗？"这样的引导方式，不仅能够吸引孩子们的注意力，还能激发他们的同情心和参与感，使他们在寻找秋天的特征中体验到乐趣和成就感。

### （三）语调亲切，富有启发性

幼儿园教师的教学口语与其他类型的口语表达有着本质的区别。它不仅承载着知识的传递功能，更重要的是，它需要在深入了解幼儿的基础上，激发幼儿的智力潜能，调动他们学习的主动性和积极性。因此，幼儿园教师在教学实践中，应当灵活运用多样化的教学口语，通过有效的方法启发幼儿思考，帮助他们吸收和掌握新知识，从而获得成就感和满足感。此外，幼儿园教师在教学中还应注重呼吸、发声的技巧，采取深吸缓出的方式，使语音显得柔和；同时，语调应生动活泼，抑扬顿挫，富有变化和鲜明性，以此来吸引幼儿的注意力，提高教学效果。

**示例：**

在幼儿园大班的科学活动"冬天好冷"中，为了帮助小朋友们理解冬季的特点，并初步掌握防寒保暖的措施，老师首先讲述了一个故事《小狗不冷了》。故事内容如下："小狗当当在冬天去旅行，他穿着小棉袄，但依然感觉很冷。于是，他戴上了一顶棉帽子，稍感暖和。然而，走了一会儿后，他还是感到寒冷。接着，他找出围巾和小手套，仔细穿戴好，这才感觉到温暖了许多。"通过这个故事，老师启发性地提问："小朋友们，小狗当当用了哪些方法来让自己暖和起来呢？"小朋友们积极回答："穿小棉袄、戴棉帽子、围围巾、戴小手套。"之后，老师进一步引导孩子们思考："小狗当当已经用了这么多方法来保暖，小朋友们还能想到哪些不同的保暖方法呢？"这样的互动不仅加深了孩子们对冬季保暖方法的理解，也激发了他们的创造性思维。

### (四)因人施教,富有针对性

不同年龄段的幼儿在身心发展上展现出显著的差异,因此,幼儿园教师在教学过程中必须根据各年龄段幼儿的具体特点,采用适宜的教学语言。这不仅意味着要针对不同年龄组的孩子调整教学策略,还要注意到,即使在同一年龄阶段,由于每个孩子的身心发展状况和性格特质的独特性,教师在教学中所使用的语言也应有所区别。这种个性化的教学方法有助于更好地适应和促进每个孩子的全面发展。

#### 1. 小班

小班的幼儿正处于具体形象思维的初步发展阶段,他们的生活经验相对较少,掌握的知识和词汇量有限,理解能力尚待提高。因此,幼儿园教师在教学时应选择简洁的短句和单句,使用通俗易懂且贴近生活的词汇。语速宜放慢,语气夸张,情感表达要具体而鲜明,并多运用肢体语言,以及频繁重复关键信息,以增强幼儿的理解和记忆。这样的教学策略能够更有效地吸引幼儿的注意力,促进他们的语言和认知发展。

#### 2. 中班

中班的幼儿正处于形象思维的发展阶段,他们相比小班幼儿,拥有更丰富的生活经验和知识储备,理解能力也更为成熟。因此,教师在教学时可以运用更多样化的词汇和灵活多变的句式结构。不仅限于陈述句,还可以引入疑问句、祈使句等,同时,单句和复句均可灵活应用。这样的教学内容不仅更加丰富多彩,而且能更好地满足中班幼儿的学习需求,促进他们语言和思维能力的进一步发展。

#### 3. 大班

大班的幼儿虽然仍处于具体形象思维的阶段,但他们的抽象思维能力已经开始逐渐显现。因此,在教学实践中,幼儿园教师可以适当地引入一些抽象概念,并增加复句的使用频率。通过这种方式,不仅能够丰富教学内容,还能有效促进大班幼儿语言能力的成熟发展,为他们未来更深层次的思维活动打下坚实的基础。

 练一练

1. 说说在中班活动"放飞童真"的教学案例中,幼儿园教师所用的教学口语有哪些特点,你可以从中受到什么启发?

教师:今天早上,老师从树下走过的时候,风一吹,叶子像蝴蝶一样从树上飘下来。小朋友们,我们出去看看,一片片的叶子像什么?

幼儿1:这些叶子多像金鱼的尾巴呀。

幼儿2:我觉得这片叶子像只蜻蜓。

幼儿3:我捡到的叶子像两个圆圆的大苹果。

幼儿4:你们快来看呀,这棵树上的叶子多像一把把美丽的扇子。

教师:这么多美丽的叶子,长得都不一样,我们把它带回去吧!(小朋友把捡到的树叶带回了班级)

教师:小朋友动动脑筋,这些树叶可以做成什么呢?

幼儿1:我想把它贴在瓷砖上,再添上眼睛,画上尾巴,就会变成小鱼了。

幼儿2:我想把树叶拼成一只只的蝴蝶。

幼儿3:我想用树叶做成帽子。

幼儿4:我想用树叶来做衣服。

2. 根据幼儿园教师教学口语的特点和要求,针对下列具体情境,设计并运用恰当的教学口语进行模拟教学。

(1)教师要向中班幼儿介绍筷子宝宝,应该如何说?

活动准备:多种颜色和材质的筷子、小盘子若干,豆子若干。

训练提示:在本次活动中,我们可以深入探索筷子的多样性及其文化意义。首先,向孩子们展示不同颜色和材质的筷子,如木质、竹质、塑料或金属筷子,让他们触摸并感受每种材质的独特性。接着,教师可以详细介

绍筷子的功能,比如使用筷子夹取食物,以及在不同文化中的使用差异。此外,讲述筷子的历史也是一个很好的教育点,可以从古代的筷子起源讲起,到现代筷子在日常生活中的应用,语言要生动有趣,可以穿插一些趣味小故事或历史趣闻,以吸引孩子们的注意力,增加他们对传统文化的兴趣和了解。

(2)教师要教授大班幼儿使用铅笔和粉笔,应该如何说?

活动准备:每人一根未使用过的铅笔、一小段粉笔。

训练提示:在进行活动时,我们应当用清晰、准确的语言指导幼儿进行操作。例如,当我们教授如何握持铅笔时,可以这样表达:"小朋友们,请拿起你们手中的铅笔,用你的手指轻轻地握住它,就像握着一只温柔的小鸟。"这样的描述既生动又具象,能够帮助幼儿更好地理解和模仿。在介绍粉笔的使用时,我们可以说:"现在,让我们用这小段粉笔在黑板上画出你心中的彩虹。感受粉笔在黑板上滑动的乐趣,就像是在冰面上轻盈地滑行一样。"这样的语言不仅准确传达了操作方法,而且通过比喻和形象的描述,使得幼儿能够更加直观地感受到活动的乐趣。

## 幼儿教师口语表达常见问题

### 1. 知识贫乏,词汇单调

(1)教学内容表达不清

教师对学科知识理解得不透彻,掌握得不够扎实,知其然而不知其所以然导致教学语言表达不清,含糊其词。

(2)知识传授不够准确

由于教师对概念、术语以及知识点之间内在的逻辑关系事先没有深入了解,在讲解时往往会出现语言不够严密、不够准确的现象。

### (3) 教学语言枯燥乏味

简单重复孩子回答的现象在幼儿园中非常多见,这是教师语言贫乏的表现。还有一种形式是教师对幼儿的表扬语总是千篇一律,如"你真聪明""你真棒"。其实教师可以根据被评定内容的特点和被评价幼儿的情况进行有针对性的评价,指出他"聪明"在哪儿,她"棒"在哪些方面。

### 2. 思维混乱,逻辑性差

### (1) 教学语言杂乱无章

从思维与语言之间的关系可以看出,一名教师如果没有较好的思维品质,就不会有较好的语言表达能力。如果思维混乱,就会出现语言表达上的逻辑性错误。

### (2) 思维与口语表达不协调

口语表达过程中,说话人应在最短时间内迅速地形成所要表达内容的腹稿,与此同时又要立即把已经形成的思维成果转化为口语形式,实质上这就是把内部语言迅速转化为口头语言的过程。二者的操作必须同步,否则,就会发生下列口语问题。

① 思维超前

教师有时想的内容很多,却一时找不到恰当的词语、句式表达出来,想的与说的之间就出现一些空白,说的不如想的全面、周到,更不能清晰地反映出思维的过程,从而出现口语表达语义不完整、不连贯的现象,给幼儿理解造成一定的困难。

② 思维滞后

教师思维迟缓,甚至呆滞,就会"前言不搭后语",会造成表意上的"空白",形成教学口语的停顿、断断续续、语义中断、语速迟缓、插入过多等凌乱现象。

——引自潘文杰:《幼儿教师口语常见问题分析(之三)》,载《赤峰学院学报(汉文哲学社会科学版)》,2009 年第 4 期,第 109—112 页,有删改。

## 第二节　幼儿园教师各教学环节用语训练

要求:仔细阅读中班科学活动"认识水"教学案例,分析教师在教学各个环节中都使用了哪些教学用语,并说明如何使用的。

# 中班科学活动"认识水"

### 一、活动目标

1. 通过观察认识水的特征:无色、无味、透明、会流动。
2. 知道水的用途。
3. 丰富词汇:透明、流动。
4. 激发幼儿对自然的兴趣,教育他们不喝生水,不浪费水。

### 二、活动准备

教师:(清水、牛奶、白醋各一杯。玻璃盘、托盘、杯子各一个。热、凉水壶各一个。筷子、吹管各一根。抹布一块,带颜色的糖两块。幻灯机、幻灯片、纸稿三张)

幼儿:(清水、白醋每人一杯,盘里有糖或盐。每人一根筷子、一瓶凉水、一根吹管、一块抹布)

## 三、活动过程

教师：老师给小朋友说一个谜语，请小朋友猜：手抓不起，刀劈不开，洗手洗脸都叫它来。

幼儿：水！

教师：对了，是水！小朋友们都很聪明。

教师：（做实验，玻璃杯下放托盘，托盘下放玻璃盘，教师边向杯里倒水边问）我在往杯里倒什么？

幼儿：倒水。

教师：水怎么了？

幼儿：水满了，流下去了。

教师：对。这说明水是流动的。大家跟着我齐声说一遍。

幼儿：水是流动的。

教师：（出示一杯水）水是什么颜色的？

幼儿：没有颜色。

教师：对。（出示一杯牛奶）牛奶是什么颜色的？

幼儿：牛奶是白色的。

教师：刚才我们比较了水和牛奶的颜色，知道水是无色的。（把两块带颜色的糖放进清水和牛奶中）现在，这两个杯子里有什么不一样？

幼儿：水杯里有一块红色的糖，牛奶杯里看不清有什么。

教师：说得好，你们观察得很仔细。这说明水是透明的。透明，就是能透过它看见里面的东西。请你们闻闻自己桌上的杯里，有什么气味？还可以尝一尝。

幼儿：这杯里有酸味。

教师：（笑）有酸味的是醋，没味的是水，这说明水是无味的。现在你们说说，水有哪些跟别的东西不一样的地方？

教师与幼儿齐说：水是会流动的，是透明的，无色、无味的。（依次伸出右手食指、中指、无名指，表示第一、第二、第三）

教师：谁知道水有什么用？

（幼儿纷纷回答后，放映幻灯片）

教师:我把大家讨论的情况总结一下,看看全不全。水有三个用途:一个用途是可以喝,可以做饭,可以洗脸、洗衣、游泳、划船;另一个用途是可以发电、开火车、开汽车;还有一个用途是种庄稼、养花、种树、喂动物。水的用途可多了。

教师:小朋友们都知道了水的用途,就该节约用水,不浪费水。有些小朋友打开水龙头就走,让水哗哗地往外流,多可惜呀。山区缺水,好多人拿着桶排队接水,多苦啊。你们应该怎么做呢?

(幼儿纷纷说做法)

教师:好。大家说得都很好。现在我把你们说的写下来,作为倡议书,让广播电台念给全国小朋友听好不好?

幼儿:(情绪激昂,气氛活跃)好!

教师:(念)全国的小朋友,你们好!今天我们认识了水的特性,知道了水的许多用途。我们吃的是水,用的还是水,没有水,我们就不能活。可是,我们国家的水并不多,很多地方的人喝不上水,庄稼都干死了,我们很心疼。

从今以后,我们要节约用水,不浪费一滴水,也希望全国的小朋友都来节约用水。让所有的人都喝上水,让庄稼喝饱水,快快长。用节约的水多开几个发电厂,为国家的建设贡献力量。

幼儿:好!(热烈鼓掌)

幼儿园教育教学活动通常遵循一系列精心设计的环节,包括导入、讲解、提问、结束和评价。在这些环节中,幼儿园教师需要运用恰当的教学口语,如用导入语来吸引幼儿的注意力,用讲解语清晰地传达知识点,用提问语激发幼儿的思考,用结束语总结当天的学习内容,以及用评价语来反馈幼儿的学习成果。这些语言的应用不仅有助于提升教学效果,还能提高幼儿的学习兴趣和参与度。

# 一、导入语

在幼儿园教学中,导入语扮演着至关重要的角色。它是教师在开展新教学活动前精心准备的一段简短而精练的开场白。导入语的设计需遵循几个关键要求:内容需新颖且富有趣味性,形式要吸引幼儿的兴趣;应紧密围绕活动主题,具有启发性;用语必须简洁、生动,富有艺术性。正如俗语所言:"万事开头难。"教学活动的设计与实施也不例外,一个良好的开端为教学成功奠定了坚实的基础。一个精心策划的导入不仅能确保教学活动的顺利进行,还能有效吸引幼儿的注意力,激发他们的学习兴趣,从而在他们心中留下深刻的印象。

常见的导入语类型多种多样,包括故事导入、教具导入、谈话导入、游戏导入、猜谜导入等。每种方式都有其独特之处,教师可根据教学内容和幼儿的兴趣选择最合适的方法,以达到最佳的教学效果。

(一)故事导入

故事导入是一种深受幼儿喜爱的教学方法。教师利用幼儿对故事的热爱,巧妙地将教学内容融入故事中,通过生动有趣的叙述,不仅能激发幼儿的学习兴趣,还能启迪他们的思维。这种方法能让幼儿在愉快地听故事过程中,自然而然地进入到新知识的学习状态。故事导入不仅能够增强教学的吸引力,还能有效地帮助幼儿理解和记忆新的教学内容,是一种非常有效的教学策略。

示例:

### 科学活动"认识盐和棉花"

在一片宁静的田野上,一头驴子背负着沉甸甸的盐包,步履艰难。当它涉水过河时不慎滑倒,盐包浸入水中。令驴子惊喜的是,当它挣扎着站起来,重新踏上岸边时,竟发现背上的负担明显减轻了。驴子心中窃喜,以为找到了减轻负重的秘诀:只需将重物浸入水中,便能轻松许多。

几天后,驴子再次启程,这次它背上的是一大包棉花。虽然棉花包体积庞大,令驴子感到疲惫,但它依旧信心满满,心想:只要过河时再次倒下,背上的负担定会再次减轻。于是,驴子故意在河中跌倒。然而,当它再次站起时,却发现背上的棉花不仅未减轻,反而更加沉重,令它喘不过气来。驴子费尽全力,才勉强爬上岸。

困惑不解的驴子,此时遇到了牛伯伯。它急忙上前询问:"牛伯伯,请您告诉我,为什么我背盐过河跌倒后变轻了,而背棉花却变重了呢?"牛伯伯微笑着,转向在座的小朋友们说:"小朋友们,你们最擅长动脑筋,不妨一起来思考,其中的原因是什么呢?"

这个故事不仅讲述了驴子的经历,也启发孩子们思考性质不同的物质在相同情境下会产生何种结果,从而培养他们的观察力和思考能力。

教师巧妙地将简单的科学现象融入故事叙述中,随着故事情节的逐步展开,幼儿的思维也活跃起来。他们急切地想要揭开故事中提出的谜题,理解其中蕴含的科学原理,因此自然而然地激发了他们积极思考、探索原因的欲望。这种故事式的导入方法不仅妙趣横生,而且能够有效地引导幼儿深入思考,培养他们的探索精神和科学思维。通过这种方式,幼儿不仅能够享受故事带来的乐趣,还能在不知不觉中学习到科学知识,促进其认知发展和智力成长。

(二)教具导入

教具导入,是指在教学活动开启之际,教师巧妙地运用图片、实物、玩具等辅助工具,引出活动的核心主题。通过将抽象的教学内容转化为直观生动的形象,教具导入能够激发幼儿的观察兴趣,深化他们对活动内容的理解。这种导入方式因其具有新颖、简洁且直接切入主题的特性,成为幼儿园教育教学活动中使用最为频繁的导入方法之一。

**示例:**

### 数学活动"认识三角形和四边形"

教师:小朋友们,大家快看,老师今天给你们带来了什么?(出示三角形和四边形教具)

教师:小眼睛要仔细地观察哦。

(有些幼儿还在小声谈论)

教师:小朋友们,图形宝宝要向你们问好啦!(教师一手拿着图形教具,一边学着图形小朋友的说话方式)小朋友,你们好啊!你们认识我吗?我是三角形宝宝,你们看看我的身体是由几条边组成的啊?(请个别幼儿到前面来摸一摸三角形,数一数三角形的边)

幼儿:(幼儿讨论后,部分幼儿说出自己的答案)三角形是由三条边组成的。

教师:小朋友们观察得真认真,三角形是由三条边组成的图形,以后你们看到它时,能不能快速认出呢?

幼儿:(齐声回答)能认出。

若仅依赖教师通过语言进行的三角形的定义讲解——"三角形是由三条边组成的图形",幼儿的认知可能难以深入。然而,若采用直观形象的教具,引导幼儿亲眼观察、亲手触摸并亲自计数,将显著提升教学效果,事半功倍。在运用教具导入时,必须紧密结合教具开展教学活动,并着重引导幼儿细致观察、积极参与动手操作,从而丰富他们的感性认知经验。

(三)谈话导入

谈话导入是一种教学策略,教师通过与幼儿进行对话和讨论,来引出即将进行的教学活动内容。这种导入方式通过师生间的互动交流,帮助幼儿明确即将进行的活动目标,激发他们对已有知识和技能的回忆,从而为新知识和技能的学习做好铺垫。

**示例:**

### 美术活动"我的妈妈"

教师:小朋友,在家里,你们最喜欢的是谁啊?

幼儿:妈妈!(大多数幼儿回答)

教师:噢,大多数的小朋友都喜欢的是妈妈啊!妈妈也是最爱小朋友们的,对不对?她给咱们洗衣服、做好吃的、讲故事,还带我们出去玩,是不是啊?我们给妈妈画一张画像,作为礼物送给妈妈,好不好呢?

幼儿:好!(幼儿齐声回答)

教师:大家仔细想一想,你们的妈妈长得什么样?长脸还是圆脸?大眼睛还是小眼睛?戴不戴眼镜?喜欢梳什么头发?喜欢穿什么样的衣服?

幼儿:我的妈妈是圆脸、大眼睛,还戴着眼镜。(幼儿纷纷说出自己妈妈的特征)

教师巧妙地运用师幼对话的方式,导入本次美术活动的主题——"我的妈妈"。这一策略实现了两大目标:首先,它帮助幼儿深刻感受母亲对孩子深沉的爱;其次,它协助幼儿在心中构建清晰的画面,为接下来为妈妈绘制肖像画做好准备。通过提问,教师引导幼儿在脑海中描绘出具体的图像。这种导入方式的设计,不仅贴合幼儿的思维模式,而且紧密遵循了幼儿教育的原则。

(四)游戏导入

游戏导入是一种教育策略,幼儿园教师根据教学内容精心设计相关游戏,旨在通过游戏的形式点燃幼儿的参与热情,激发他们的学习动力,从而使幼儿在轻松愉快的氛围中自然融入学习情境。这种导入方式巧妙地结合了游戏与学习,不仅提高了幼儿的参与度,也促进了他们在愉悦中学习和成长。

示例:

### 大班数学活动"小商店"

教师:我现在是一位魔法师,把坐在我左手边的小朋友变成钱,男孩是1元钱,女孩是2元钱。把我右手边的小朋友变成小商店里的商品。东东是3块钱一包的糖果(给东东一张数字3的卡片,后面类推),明明是5块钱一本的书,丹丹是7块钱一辆的玩具汽车,阳阳是10块钱一个的玩具小熊。现在请一位小朋友变成钱的主人,你要用这些钱去小商店买东西。请你用3块钱先去买一包糖果,你该怎么去买呢?

幼儿琳琳拉着三个男孩的手去买3块钱一包的糖果。

教师:谁还有别的方法去买一包糖果吗?

幼儿小虎拉着一个男孩和一个女孩去买3块钱一包的糖果。

教师:小朋友们都做得很棒,现在小商店还有许多商品,欢迎小朋友们带着自己的钱去小商店选购自己喜欢的商品。

教师巧妙地运用游戏,将幼儿引领进一个梦幻般的童话世界,使他们化身为故事中的角色与元素。在这样的环境中,每个幼儿都积极投身于游戏。游戏导入无疑是幼儿最喜爱的教学方式之一,它将教育巧妙地融入游戏中,让幼儿在不知不觉中步入学习之门。教师在采用游戏导入的方法时,必须确保语言的准确性、简洁性以及逻辑的清晰性,务必详细而清楚地阐述游戏规则,确保幼儿能够有序地参与游戏,从而在欢乐中学习,在学习中成长。

### (五)猜谜导入

在猜谜导入这一教学策略中,教师会根据教学内容的特性和需求,精心挑选合适的谜语。通过猜谜与揭晓谜底的过程,教师能够有效激发幼儿对即将学习的主题内容产生浓厚的好奇心。这种导入方式不仅能够调动幼儿的积极性,促使他们积极思考,而且能够自然地引出教学活动的核心主题。此外,猜谜游戏还能丰富幼儿的语言经验,增强他们的语言表达能力和逻辑思维能力,为接下来的学习活动奠定坚实的基础。

示例：

### 小班科学活动"认识青蛙"

教师：小朋友们，今天我们要认识一个可爱的小动物。这个可爱的动物是什么？老师先给小朋友们猜一个谜语，看谁能够猜得快，猜得准，知道答案的小朋友请走到老师身边轻轻地告诉我。"大眼睛，宽嘴巴，白肚皮，绿衣裳，地上跳，水里划，唱起歌来呱呱叫，专吃害虫保庄稼。"请小朋友们开动脑筋想一想，这是什么动物呢？

在幼儿教育中，猜谜活动因其独特的趣味性和启发性，深受幼儿的喜爱。教师巧妙地运用猜谜作为教学导入手段，能够有效激发幼儿的学习兴趣和参与热情。然而，在实施猜谜活动时，教师需注意以下两个关键点：首先，教师应耐心等待，直至大部分幼儿都积极参与到猜谜活动中，思维得以活跃，再揭晓谜底。为了不影响其他孩子的思考，已知答案的幼儿应在教师耳边轻声告知，确保教学进程的流畅进行。其次，谜面的语言应力求简洁且形象生动，以便幼儿能够轻松理解并激发他们的想象力，这样的谜面设计不仅能够吸引幼儿的注意力，还能帮助他们在愉快的氛围中锻炼思维能力和语言理解能力。

通过精心设计和耐心引导，猜谜活动将成为幼儿课堂上一道亮丽的风景线，为幼儿的学习之旅增添无限乐趣。

在幼儿教育实践中，教师们有多样化的导入方法可供选择，包括但不限于表演导入、实验导入、演示导入等。这些方法的核心目的是点燃幼儿的学习热情，调动他们的积极性，并自然引出教学活动的主题。实际上，教师在选择导入方式时，应充分考虑教学内容、形式以及幼儿的实际状况，灵活运用多种导入策略。通过精心设计的导入环节，教师不仅能够有效吸引幼儿的注意力，还能为他们营造一个充满探索和学习欲望的环境，从而为整个教学活动奠定坚实的基础。

## 二、讲解语

讲解语，又称讲授语，是指幼儿园教师向幼儿传授知识、阐述活动内容、讲述游戏规则，同时培养幼儿情感和价值观的教学用语。讲解语是幼儿园教师在教学活动中最主要的教学用语。讲解语要求具体明确、条理清晰、生动有趣、简洁明了,切忌繁杂冗长;要求重点突出,让幼儿理解教师所讲话的中心思想;要求依据幼儿身心特点,多数情况下教师应该边示范边讲解。

(一)简明式讲解

简明式讲解是一种高效的教学方法,特别适用于幼儿教育领域。在这种方法中,教师使用简洁明了的语言来清晰地表述教学活动的核心内容和具体要求。这种讲解方式强调逻辑性和条理性,通常采用"一、二、三"或"首先、其次、再次"等序号或连接词来明确展示活动的步骤和顺序。简明式讲解的主要特点包括以下几点。

①语言简洁:避免冗余和复杂的词汇,使用幼儿容易理解的语言。

②结构清晰:通过明确的序号或逻辑连接词,使教学内容的结构条理化,便于幼儿跟随。

③重点突出:明确指出每个步骤的要点,帮助幼儿集中注意力,理解关键信息。

这种讲解方式特别适用于实验操作和游戏规则的介绍,因为它能够有效地引导幼儿理解活动的流程和规则,从而提高他们对活动的兴趣和参与度。通过简明式讲解,教师能够确保信息的准确传达,同时激发幼儿的学习热情和探索欲望。

示例:

**小班生活常规活动"学会洗手"**

教师:亲爱的小朋友们,在吃饭前和上厕所后,我们都有一个重要的任务——洗手。请仔细观察老师是如何正确洗手的。首先,将双手浸入水中使它们充分湿润。接着,取适量的香皂或洗手液涂抹在手上。然后,开始搓洗双手:手心对搓,手背对搓,手指交叉揉搓,确保双手布满泡沫。接下来,将双手放在水流下冲洗,直至泡沫完全清除。洗完后,手指朝下轻轻甩动手腕,让水滴落入洗手盆中。最后,用干净的毛巾擦干双手,并确保将毛巾挂回原位。现在,请大家分批前往盥洗室,按照老师的示范,认真清洗自己的小手吧!

教师在教授洗手动作时,会采用简洁明了的语言,并结合实际示范,以便幼儿能够直观理解并模仿学习。这种边说边做的教学方式,是实际教学活动中非常普遍且有效的方式。通过这种方式,孩子们能够更容易地掌握洗手的正确步骤和要求,确保他们在日常生活中养成良好的卫生习惯。

(二)故事式讲解

幼儿园教师通常会采用故事式讲解法,将教学内容巧妙地编织成一个个生动有趣的故事,以此来吸引幼儿的注意力并促进他们的理解。这种讲解方式不仅浅显易懂,而且能够极大地激发幼儿的学习兴趣,因此深受小朋友们的喜爱。通过故事的情节和角色,幼儿能够在轻松愉快的氛围中学习新知识,同时也能够培养他们的想象力和创造力。

**示例:**

孩子们在午睡的时候,李老师发现寝室的一个角落有声音。她顺着声音找到了说话的孩子,发现两个孩子没睡午觉,在讨论着"你的和我的怎么不一样啊"。李老师愣了一下,然后轻轻抚慰孩子午睡。

这也许是多数孩子都想了解的问题,这种对生理现象的关注和好奇无可厚非。于是,李老师决定和孩子们一起探讨一下这个话题。她以故事的形式教给孩子们男孩、女孩的秘密:"爸爸送给妈妈一个礼物——精子,妈妈也送给爸爸一个礼物——卵子。精子和卵子成了好朋友,并合成了一体,在妈妈肚子里的小房子里慢慢长大,那就是还没有出生的你们。等过了10个月,妈妈在医生的帮助下,生下了一个小宝宝,那就是你们。妈妈送给爸爸的礼物是X,爸爸送给妈妈的礼物是Y,那么生的就是男孩;妈妈送给爸爸的礼物是X,爸爸送给妈妈的礼物也是X,生的就是女孩。男孩和女孩各有各的秘密,背心和内裤遮住的地方就是秘密的地方,不要随便让别人看和摸。孩子们,你们听懂了吗?"孩子们点点头,说道:"我们每个人都有自己的小秘密,不能让别人碰和摸。"

男孩与女孩之间的生理差异,常常是孩子们好奇的焦点,同时也是家长们感到难以启齿的话题。如何将这一既神秘又复杂的知识,以一种让孩子们能够理解和接受的方式传达出去呢?在这方面,示例中的这位教师的做法颇具启发性。她巧妙地运用了故事讲解法,通过生动有趣的故事情节,不仅满足了孩子们的好奇心,还教会了他们如何保护自己。这种方法不仅让孩子们在轻松愉快的氛围中学习到了知识,还帮助他们建立了正确的性别意识和自我保护意识。

### (三)比拟式讲解

比拟式讲解是幼儿园教师常用的一种教学策略,它通过将抽象概念比拟为幼儿熟悉的动植物或其他具体形象,设计活动和运用语言,使幼儿能够以这些形象的身份参与到活动和游戏中。这种教学方式不仅符合幼儿以具体形象为主的思维特点,而且与他们喜爱游戏的心理相契合。通过这种方式,幼儿能够更加直观地理解知识,同时也能在参与过程中体验到乐趣,从而提高学习的积极性和效果。

**示例:**

#### 小班音乐活动"小熊请客"

教师:今天我是小熊妈妈,你们来做我的小熊宝宝。宝贝们,今天咱们家有许多小客人来做客,我们应该准备一些什么食物来招待他们啊?让咱们一起,一边听着音乐,一边去森林给客人们找吃的吧!(播放慢板音乐)

教师:看!前面有一大片的草莓,不过我们需要先走过草地。听听音乐,我们该怎么走过草地呢?(播放快板音乐)

教师:前面有一座小山,山上有野果子!听听音乐,我们怎样才能摘到果子呢?

教师:我们摘了草莓,采了野果。这时我们又来到小溪边,小溪里有很多小鱼,我们每个宝宝快快抓住一条小鱼,放到桶里带回家吧!(音乐慢—快—慢)

教师:我们回家还需要翻过小山、穿过草地,快用我们刚才学过的方法回家为小客人们准备食物吧!

在该示例中,教师巧妙地运用了拟人化的手法来设计活动,将自己比作小熊妈妈,将幼儿们比作小熊宝宝,这种设计充满了童趣。在活动进行的过程中,教师特别强调了重点——按照音乐的节奏行走,并且对活动的各项要求都进行了清晰明确的说明。这样的教学方法不仅增加了活动的趣味性,也确保了孩子们能够更好地理解和遵守活动的规则,从而提高了教学效果。

## 三、提问语

提问语是幼儿园教师在教学活动中,依据教学目标、内容和幼儿的实际情况,精心设计的一系列问题。其目的在于激发幼儿对学习内容的兴趣,引导他们主动思考,从而提升对事物的认知和思维能力。这些问题需要表述清晰、层次分明、难度适宜,且具有启发性。正如教育家陶行知所言:"发明千千万,起点是一问。"提问语在教学过程中扮演着至关重要的角色,是教师开展教学活动的主要手段。因此,熟练掌握并运用提问语,对于提升教学效果、促进幼儿表达和思维能力的发展至关重要。

在教学实践中,幼儿园教师可运用多种类型的提问语,包括但不限于开放式提问语、激发设疑式提问语、填空式提问语、追本溯源式提问语及比较式提问语。通过这些多样化的提问方式,教师能够更有效地引导幼儿学习,促进其全面发展。

### (一)开放式提问语

开放式提问语旨在引导幼儿深入理解活动内容,激发他们的想象力和表达能力。例如,教师可能会问:"小朋友们,这幅画给了你怎样的感受?"或者问:"如果你们处于这种情况下,你们会选择怎样应对?"这类问题没有固定答案,鼓励幼儿自由地表达个人观点,从而引发热烈的讨论。在讨论过程中,幼儿不仅能够表达自己的想法,还能加深对活动内容的理解和认知。通过这种方式,教师不仅促进了幼儿的思维发展,也增强了他们的语言表达能力。

### (二)激发设疑式提问语

激发设疑式提问语是通过巧妙设置疑问,引导幼儿进行深入思考,充分发挥其想象力,并鼓励他们表达个人见解。例如,在阅读活动"爷爷一定有办法"中,教师讲述完爷爷如何巧妙地将孙子心爱的破毯子改造成外套、背心和领带后,教师可能会问:"孩子们,你们认为爷爷接下来会把领带变成什么呢?"这样的提问不仅激发了幼儿的思考,还鼓励他们大胆地分享自己的想法,从而让他们在参与和解决问题中体验到成就感和喜悦。通过这种方式,教师有效地促进了幼儿的创造性思维和语言表达能力的发展。

### (三)填空式提问语

填空式提问语是通过将问题设计成填空的形式,由教师提出问题,幼儿负责填答。例如,教师可以问:"月亮圆圆像什么?"幼儿可能会回答:"像一个圆圆的大盘子。"或问："像一面圆圆的镜子。"这种提问方式不仅能够锻炼幼儿的反应速度，还能有效提升他们的表达能力。通过填空式提问，幼儿被鼓励用简洁的语言来描述他们的想法，同时也促进了他们的语言组织和逻辑思维能力的发展。

（四）追本溯源式提问语

追本溯源式提问语旨在通过逐步深入的提问，引导幼儿进行深层次的思考，从而更有效地促进他们对教学内容的理解。例如，在美术活动"泥塑"中，当幼儿在泥土和制过程中加入过多水分时，教师可以通过提问来吸引他们的注意："孩子们，如果我们不小心加多了水，泥土会变成什么样子呢？"这样的提问不仅能够激发幼儿对当前问题的关注，还能够促使他们思考问题的后果。在幼儿给出初步回答后，教师可以继续追问："那么，接下来我们应该怎么处理这种情况呢？"通过这种层级递进的提问方式，教师帮助幼儿逐步探索解决问题的方法，引导他们自主地寻找答案。这种提问策略强调由浅入深的思考过程，鼓励幼儿在深入思考的基础上，全面理解教学活动的内容。通过这样的提问技巧，幼儿不仅能够学会如何解决问题，还能够掌握逻辑思维和批判性思考能力。

（五）比较式提问语

比较式提问语是幼儿园教师在教学中用来增强幼儿对两种相似事物区分能力的一种提问技巧。这种提问方法特别适用于科学领域的教学活动，旨在引导幼儿比较和分析两种事物的相似之处及其差异。例如，教师可以提出这样的问题："哪位小朋友能够告诉我们，狼和狗有哪些共同点？它们之间又有什么区别呢？"

在教学活动中，提问语的设计多种多样，需要教师精心策划，以激发幼儿的思考、想象，进而培养他们的逻辑思维能力、语言表达能力、想象力和观察力。通过这种比较式的提问，幼儿不仅能够学会如何识别和描述事物的特征，还能够提高分析和归纳信息的能力，从而在认知发展上取得进步。

## 四、过渡语

过渡语,又称为转换语或衔接语,是幼儿园教师在教学活动的各个环节之间进行切换时所使用的教学用语。这类用语应简洁有力、自然流畅,并富有启发性和层次感。在结构上,过渡语将教学活动中的复习、新授、结束等环节紧密连接,使之成为一个有机的整体。在功能上,过渡语扮演着承上启下的角色,确保教学活动前后内容的自然过渡,巧妙地将各个教学组成部分融合在一起。此外,过渡语常常与评价语相结合,起到评价和鼓励幼儿的作用。

过渡是教学活动中不可或缺的一环,而过渡语则是教学口语中极为重要的一部分。过渡语类型多样,常见的过渡语包括问题式过渡语、归纳式过渡语和评论式过渡语三种。问题式过渡语通过提问引导幼儿思考,归纳式过渡语则通过总结前一环节的内容来引出新环节,而评论式过渡语则通过评价幼儿的表现来自然过渡到下一个教学环节。这些过渡语的使用,不仅能够使教学活动更加流畅,还能够提升教学的整体效果。

### (一)问题式过渡语

问题式过渡语是幼儿园教师在教学环节即将结束时,巧妙地通过提问来引导幼儿进入下一个环节。这种方式能够有效地集中幼儿的注意力,激发他们的思考,并增强他们对新内容的兴趣。例如,在科学活动"人体"中,当介绍完胃的功能后,教师可以这样过渡:"我们已经了解到胃的主要功能是帮助我们消化食物,那么,它是如何实现这一过程的呢?"这样的过渡语不仅从"是什么"的知识传授自然地转换到"怎么样"的讲解,而且使得教学环节之间无缝衔接,环环相扣。

### (二)归纳式过渡语

归纳式过渡语是幼儿园教师在教学中常用的一种策略,它通过简要总结前一环节的关键内容,自然地引导幼儿进入下一个学习环节。例如,在美术活动中教授孩子们如何画公共汽车时,教师首先边讲解边演示画法。完成演示后,教师可以这样引导:"刚才,我们学习了公共汽车的画法。下面做一个简单的总结。首先,在纸的中央画一个长方形代表车厢,然后在长方形的左边画上车头,接着为公共汽车添上四个车轮。这样,一辆有轮子的公共汽车就能带着大家去旅行了。现在,请大家挑选自己喜欢的颜色的画笔,在纸上描绘出你们心目中的公共汽车吧!别忘了公共汽车是由哪些部分组成的呦!"这样的过渡语不仅帮助孩子们巩固了所学知识,还激发了他们的创造力和参与感。

### (三)评论式过渡语

评论式过渡语是幼儿园教师在教学中运用的一种技巧,通过对上一环节的学习内容或幼儿的表现进行简短的评价,自然地引入新的教学内容或下一环节的活动。例如,在一个名为"快乐的国庆假期"的谈话活动中,教师首先分享了自己在国庆假期中的有趣经历,随后可以这样过渡:"我相信,每位小朋友的假期生活也一定充满了欢笑和色彩,与老师一样丰富多彩。现在,让我们邀请几位小朋友上台,与我们分享他们的快乐时光,大家觉得怎么样?"这样的过渡语不仅肯定了孩子们的假期经历,也鼓励了他们参与和表达,为接下来的活动营造了积极且热情的氛围。

## 五、评价语

评价语是幼儿园教师在教学活动中对幼儿表现进行评判时所采用的教学用语。通过评价语,教师可以有效指导幼儿理解哪些行为符合教学要求,哪些行为与教学目标不相符,如何操作才能成功完成任务,以及可能导致任务失败的原因。在使用评价语时,教师应以尊重幼儿为原则,重视对幼儿学习过程的评价,确保评语真实、准确,并抓住核心要点。此外,教师的语气应保持亲切,语调宜平稳,以营造一个积极的学习环境。恰当运用评价语,不仅能激发幼儿的学习热情,还能培养与发展幼儿的良好品质。

在集体教学活动中,幼儿园教师常用的评价语内容主要包括以下几方面:

① 针对幼儿在活动中的表现或学习习惯进行评价,旨在对幼儿的行为和学习习惯是否符合本次活动的标准进行细致点评,并给予表扬或提出改进建议。例如:"东东表现出色,他全神贯注地聆听并仔细观察老师对操作步骤的讲解与演示。得益于他的专注,东东不仅迅速掌握了操作方法,而且能够高效且准确地完成实验任务。这种积极的学习态度和习惯值得表扬。"通过这样的评价,教师不仅肯定了幼儿的优点,也为他们指明了进一步提升的方向。

② 在评价幼儿的学习兴趣和能力时,教师应采用积极、建设性的语言,以促进幼儿的全面发展。例如:"小明在今天的阅读活动中展现出了浓厚的兴趣,他积极参与,乐于探索新故事,这种好奇心和探索精神是学习过程中非常宝贵的品质。同时,小明在理解故事内容时遇到了一定的挑战,但这并不妨碍他的努力和进步。我们鼓励小明继续保持对阅读的热爱,并在理解复杂内容时,尝试更多的提问和思考。我们相信,通过不断的尝试和练习,小明的阅读理解能力将会得到显著提升。"通过这样的评价,教师不仅肯定了幼儿的兴趣和努力,也温和地指出了需要改进的地方,并给予了鼓励和期望,有助于激发幼儿的学习热情,促进其能力的进一步发展。

③ 在评价幼儿的认知水平和理解能力时,教师应当使用清晰、准确的语言,以及积极的措辞,以促进幼儿的思维发展和学习动力。例如:"在今天的讨论中,晓晓展现出了出色的表达能力。她不仅能够清晰地阐述自己的观点,而且还能用适当的词汇来描述自己的想法,这显示了她在语言表达方面的进步。琳琳在故事理解方面也表现出了良好的能力,她能够准确地复述故事情节,并表达出自己对故事中角色行为的深入理解。这种理解力是认知发展的重要标志,我们鼓励琳琳继续保持并深化这种对故事的思考。"通过这样的评价,教师不仅认可了幼儿的努力和成就,也鼓励了他们继续发展和提升自己的认知和理解能力。这种积极的反馈有助于增强幼儿的自信心,激发他们对学习的兴趣,并促进他们思考能力的进一步发展。

## 六、结束语

在幼儿教育活动中,结束语为每一次教学活动添上圆满的句号。它是教学过程的精华凝结,是不可或缺的组成部分。幼儿园教师巧妙运用结束语,目的不仅在于归纳总结活动精髓,凸显教学核心,更在于对幼儿表现的精妙点评,以及留下悬念,激发幼儿的深思。

结束语应当简洁明了,语速宜缓,语调平和,语气坚定,突出重点,为幼儿指引方向。

根据结束语的表达艺术与教育功能,它可分为多种类型,每一种都承载着特定的教育意义。

### (一)点睛式结束语

点睛式结束语,是幼儿园教师在教学活动落幕时,对课程精华的再次梳理与呈现。它不仅明确了活动的核心要点,更是对幼儿应掌握知识的一次深刻强调。在重述这些关键内容时,教师需运用饱含情感的语言,如同春风化雨,激发幼儿内心的情感共鸣,引导他们的思想向更高层次升华,从而实现主题的升华。

### (二)归纳式结束语

在教学活动的尾声,幼儿园教师肩负着一项重要任务:对整堂课进行精心的归纳与总结,以此加深幼儿对知识的印象。教师应从活动的内容、形式以及效果等多个维度进行深入的梳理,特别强调将今日所学与幼儿过往的学习经验相衔接,这样不仅能帮助幼儿更精确、更稳固地掌握新知,还能增强他们对知识的连接与理解。通过这样的教学策略,幼儿的学习将更加系统和深入。

### (三)延伸式结束语

在教学活动落下帷幕之际,幼儿园教师应巧妙地拓宽幼儿的认知视野,将思维的触角由课堂之内延伸至日常生活之中。通过引导幼儿观察周围的世界,鼓励他们在生活中发现知识、体会解决问题的过程,使得课堂学习成为生活探究的起点,而生活本身则转化为课堂的广阔延伸和丰富补充。此外,运用这种富有启发性的结束语,不仅能够激发幼儿的好奇心和探索欲,还能有效地促进幼儿园与家庭之间的沟通与合作,共同为幼儿的全面发展搭建坚实的桥梁。

### (四)激励式结束语

在教学活动圆满结束之际,幼儿园教师应当对幼儿在活动中的表现进行精心的点评。结束语宜多采用激励与勉励的措辞,使幼儿在正面的评价中感受到学习的乐趣与成就感。同时,对于表现特别出色或有显著进步的幼儿,教师应当给予特别的表扬,以此树立起可供其他幼儿模仿和学习的典范,激发全体幼儿的积极性与进取心。这样的结束方式不仅能够巩固幼儿的学习成果,还能在孩子们心中播下自信与渴望进步的种子。

## 练一练

1. 仔细阅读并欣赏下面教学活动中各教学环节所用的教学用语，分析其精彩之处。

### 大班数学活动"认识钟表"

（1）语言导入，引发幼儿探索的兴趣

教师："小朋友们，老师今天给大家带来一个新朋友，大家猜猜它是谁？没腿会走路，没嘴会说话，告诉我们何时起床、吃饭和睡觉，走起路来'嘀嗒嘀嗒'响。"

（2）认识钟表，学认整点时间

教师："小朋友们，请你们仔细观察后告诉老师，钟表的表面上都有什么啊？钟表面上的数字是怎么排队的呢？指针是怎么奔跑的呢？"

教师引导幼儿重点掌握：

①表盘上有12个数字，数字是以顺时针的形式排列；了解数字之间的位置关系，如12与6、3与9在一条直线上；掌握每一个数字对应的整点时间；幼儿戴着写有数字的头饰模拟钟表上数字的位置站好，体验和感受时钟数字的排列规律。

②表盘上有两根黑色的指针：长指针是分针，分针每走一小格代表时间过了一分钟；短指针是时针，时针每走一大格代表时间过了一个小时。了解时针与分针的关系，分针跑完60小格，时针走一大格，即从一个数字走到它的下一个数字；掌握时针与分针是顺时针方向转动的。

（3）自主探索，认读整点时间

依次在钟面上呈现1时、3时、5时，询问幼儿："小朋友们，现在钟表上是几点啊？为什么呢？你能说说你是怎么知道的吗？"

引导幼儿通过观察与动手探索,来掌握钟表呈现整点时间的规律,即分针一定指向数字12,而时针指向数字几就表示是几点整。通过游戏的方式,帮助幼儿掌握认读整点时间。例如:分发每位幼儿一个小钟表盘,教师说出整点时间,幼儿需要快速拨到正确的时间点,看谁做得又快又正确;教师拨到某一整点时间,让幼儿快速说出钟表盘上所表示的时间点,看谁说得又快又正确。

(4)活动结束

教师和幼儿一起回顾本次活动需要掌握的知识点。

2.制定活动目标和设计活动过程,模拟教学情境,综合运用导入语、讲解语、提问语、过渡语、评价语、结束语进行教学,初步探索幼儿园教师如何运用教学口语开展教学活动。

(1)中班阅读活动"爷爷一定有办法"。
(2)大班科学活动"鸡蛋浮起来"。
(3)小班美术活动"手指印画"。

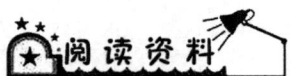

## 幼儿园教师在集体教学活动中的临场应变策略

**1.当幼儿的兴趣与预设活动不匹配时**

(1)以"顺应"的方式保持幼儿的兴趣。
(2)以参与者的身份支持幼儿活动。
(3)关注寻常时刻,推动幼儿兴趣向深层次发展。
(4)把幼儿的发展目标熟记于心。

**2.当幼儿的回答与问题缺乏相关性时**

(1)以幼儿发展为本,保护幼儿的回答。
(2)理解幼儿的内心世界,帮助幼儿在不断改正错误中成长。

(3)提高自己的应对能力,提高教学活动的有效性。

### 3.当集体教学中有超常幼儿时

(1)倾听和肯定幼儿的奇特想法。

(2)适时、适当地加以正确引导。

(3)珍惜幼儿的好奇心,鼓励幼儿标新立异,激发幼儿的创新意识。

### 4.当遇到"唱反调"的幼儿时

(1)考察倾听,了解幼儿的需求。

(2)介入,把握时机推动活动的进程。

(3)讨论,使活动的内涵更丰富。

### 5.当幼儿的科学实验操作失败时

(1)面对失败不言放弃,帮助幼儿树立信心。

(2)勇于发现并利用活动中的偶发事件,发挥其教育价值。

(3)保护幼儿的好奇心和求知欲,适时加以引导,为幼儿的探究活动创造宽松自主的环境。

### 6.当幼儿不能突破教学难点时

(1)关注动态现场,分析问题原因。

(2)及时调整策略,随机应变。

(3)果断终止教学过程。

——引自冯伟群:《幼儿教师临场应变技巧60例》,中国轻工业出版社2013年版,第2—33页,有删改。

# 第三章　幼儿园教师教育口语训练

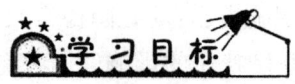

1. 了解幼儿园教师教育口语的含义和特点。
2. 掌握幼儿园教师教育口语运用原则。
3. 掌握幼儿园教师教育口语各项基本技能训练方法。

3至6岁是幼儿塑造正确行为、培养健康情感及奠定良好品德的关键时期。在这一阶段，肯定幼儿的优点和长处，并纠正其不良行为和不足，是幼儿园教师的重要职责。幼儿身心的健康发展，很大程度上依赖于教师的悉心教导。为了达到良好的教育效果，幼儿园教师必须掌握并运用恰当的教育口语，以及精妙的语言艺术和教学方法。

## 第一节　幼儿园教师教育口语概述

在幼儿园的班级建构角活动中，小明和小波发生了争执。老师及时注意到这一情况，迅速将两人分开，并耐心询问了事情的原委。小明说小波抢走了他的积木，而小波则反驳说小明抢了他的积木。面对这种情况，作为一名幼儿园教师，你将如何处理这样的情况呢？

# 一、幼儿园教师教育口语的含义与特点

## (一)幼儿园教师教育口语的含义

幼儿园教师的教育口语是他们在日常教学中对幼儿进行品德教育和行为规范引导时所运用的一种具有说服力和感染力的专业口语。幼儿园教师的语言不仅是开启知识宝库的金钥匙,更是师生心灵沟通的桥梁,是完成教书育人使命的重要条件和基本手段。《幼儿园教育指导纲要》明确指出:幼儿园德育教育应以情感教育和良好行为习惯的培养为核心,注重潜移默化的影响,并贯穿于幼儿的日常生活和各项活动之中。《幼儿园工作规程》则详细规定了幼儿园德育教育的目标,即激发幼儿对家乡、祖国、劳动和科学的热爱,培养其诚实、自信、好问、友爱、勇敢、爱护公物、克服困难、讲礼貌、守纪律等优良品德行为和习惯,以及活泼开朗的性格。

正如杜威所言,"教育即生活",幼儿园教育与中小学的课堂教学有所不同,它主要围绕生活、游戏和教学活动展开。对幼儿而言,幼儿园的每一天生活都是教育的契机。教师通过语言来启发思考,开发智力,激励行动,引导行为,赞美进步,督促成长。幼儿园教师的语言,是实现教育伟大功能的基本途径,它如同一盏明灯,照亮孩子们的心灵,引领他们健康成长。

## (二)幼儿园教师教育口语的特点

幼儿园教师的教育口语,是在他们长期的教育实践中逐渐形成的,它以良好的普通口语为基础,并紧密结合幼儿的心理发展特点、语言及认知发展规律。幼儿园教师以这种专门的工作用语对幼儿进行思想品德和行为规范的教育,体现出明理启智、表达简明规范、内容具体鲜明、充满童趣的特色。通过这种教育口语,教师能够有效地引导幼儿理解道理,启发智慧,同时也确保了教育的规范性和针对性,使教育内容更加生动有趣,易于幼儿接受和理解。

### 1. 明理启智

对于幼儿而言,教育的重点并非单纯地灌输道德认识和观念,而是要激发他们的道德情感,培养优秀的品德与行为习惯,以及促进良好个性的发展。教育口语,无论是从内容的选取还是表达的形式上,都应紧密围绕这一核心目标进行设计和实施。通过恰当的语言引导,教育口语能够有效地帮助幼儿在情感上建立道德认同,从而在行为上形成积极的品德表现,最终促进他们个性的全面发展。

2. **简约规范**

在幼儿期,语言学习正处于黄金阶段,幼儿主要通过自然观察和模仿来掌握语言。在这一关键时期,教师成了幼儿模仿的主要对象和学习的楷模,因此,教师的语言必须严谨规范。鉴于幼儿的特点,教师在教育口语中应采用简洁、通俗且易于理解的语言,以确保幼儿能够准确、有效地吸收和模仿,从而促进他们语言能力的健康发展。

3. **直白具体**

幼儿由于年龄较小,通常只能从字面上理解教师的语言。因此,教育口语的使用应当直接、具体,并且具备操作性,以便幼儿能够轻松领会,从而有效达到教育的目标。这样的语言风格有助于确保信息的清晰传达,让幼儿能够在实际操作中学习和应用,从而更好地促进他们的认知和发展。

4. **语言幼儿化**

语言幼儿化是指教师在与幼儿交流时,其语言表达应紧密结合幼儿的日常生活经验,符合幼儿的心理发展特点,并充满幼儿情感色彩和趣味性。这种语言风格有助于激发幼儿的兴趣,使他们更容易理解和接受教育内容,同时也能够增强师生之间的情感联系,促进幼儿的全面发展。

## 二、幼儿园教师教育口语的运用原则

幼儿园教师教育口语有其自身的特点和规律,所以幼儿园教师在运用教育口语时亦应该遵循相应的原则。

(一)民主性原则

民主性原则就是师幼之间处于平等的地位,即幼儿园教师要尊重幼儿的人格、思想、个性、情感、差异、创造性等等。《幼儿园教师专业标准》明确提出"以幼儿为本"的理念,要求幼儿园教师要"尊重幼儿权益,以幼儿为主体,充分调动和发挥幼儿的主动性;遵循幼儿身心发展特点和保教活动规律,提供适合的教育,保障幼儿快乐健康成长"。在幼儿园教育口语的使用中,幼儿园教师要对幼儿进行正面引导,语言恳切坦诚,语气自然平和,并且要充分尊重幼儿的意见,允许幼儿与教师平等地争辩,给幼儿表达自己观点的机会,使幼儿"亲其师,信其言"。

### (二)肯定性原则

肯定性原则强调幼儿园教师应当尊重并肯定每一位幼儿,帮助他们清晰地认识并珍视自身的优点,坚信自己的能力。幼儿园教师对幼儿的肯定不仅仅体现在理解和尊重上,更在于传递出对幼儿发展潜力的认可与信任。这种肯定能够为幼儿带来被接纳的情感体验,进而激发他们的自我意识,促进自我完善。同时,它还能成为一种内在的动力源泉,促使幼儿学会正确评价自己,深入了解自我,从而不断增强自信心和提升自我效能感。通过这样的教育实践,致力于培养幼儿积极向上的自我认知,为其未来的成长奠定坚实的心理基础。

### (三)浅显性原则

浅显性原则要求幼儿园教师在教学过程中采用与幼儿以具体形象思维为主的认知特点相匹配的教育口语。这意味着教师应使用生动、通俗、易于理解的语言来表述教学内容,以便幼儿能够更好地把握抽象的事物与概念。为此,幼儿园教师需精通运用口语技巧,构建直观的形象,并采用幼儿能够轻松理解的语言,助力他们领悟那些抽象的道理。通过这种深入浅出的教学方法,我们旨在为幼儿搭建起一座通往知识世界的桥梁,使他们在探索与学习中感受到乐趣,不断积累认知经验。

### (四)针对性原则

针对性原则强调幼儿园教师需根据多样化的教育情境,以及幼儿不同的气质类型和年龄特点,灵活运用相应的教育语言。《幼儿园教育指导纲要》明确提出:幼儿园教育应尊重幼儿身心发展的规律和学习特点,充分关注幼儿的经验,并强调幼儿园教育应重视幼儿的个别差异,为每一个幼儿提供发挥潜能,并在已有水平上得到进一步发展的机会和条件。基于此,幼儿园教师在教育实践中必须因材施教、因人、因事、因时、因地制宜地运用适宜的教育口语,确保每位幼儿都能在适宜的教育环境中,依据自身的特点和需求,得到恰当的引导和支持,从而激发潜能,实现个性化发展。

## 练一练

1. 说说下面案例中幼儿园教师教育口语表现出什么特点,遵循了什么原则?

天天是一个活泼开朗、热爱讲故事的小男孩。在一次全园幼儿讲故事比赛中,尽管他的同学们都获得了奖项,他却遗憾地未能获奖。比赛结束后,他带着失落的心情回到了教室,默默地凝视着窗外。

李老师注意到了天天的情绪,深知这个热爱故事的孩子内心一定非常难过。于是,她用心制作了一张奖状,打算送给他以示鼓励。天天似乎察觉到了老师的意图,低下了头。李老师轻轻抚摸着他的头发,温柔地安慰他。天天慢慢地抬起头,眼中含着泪光,轻声说道:"老师,这次我讲得不好。"李老师蹲下身子,安慰他说:"不,你表现得很好。站在台上,即使你一度忘词,但你没有放弃,坚持将故事讲完。这种坚持不懈的精神,非常值得其他小朋友向你学习!老师还要特别颁发一个奖给你。"说着,她将那份精心准备的奖状交到了天天手中。那一刻,天天脸上绽放出了笑容,眼中闪烁着自信的光芒。

李老师继续鼓励道:"天天,获不获奖并不是最重要的,关键是你热爱讲故事,你的故事能给他人带来快乐,这才是最重要的,对吗?""对!"天天坚定地点了点头。"那么,以后我们还能经常听到你讲故事吗?""当然可以!"天天自信地回答。

2.尝试分析下面案例中教师教育口语存在的问题,如果换成是你,你会怎么说?

教室里,王老师正在组织孩子们进行拼图活动。她让小朋友们都坐到各自的座位上,开始专注地拼自己手中的拼图。然而,淘淘在自己的椅子上不安分地动来动去,试图与旁边的小朋友交谈。王老师注意到这一情况,便大声提醒:"还有谁没有开始拼图呢?"淘淘听到王老师的话后,立刻坐正,开始专心拼图。

没过多久,淘淘又开始四处张望,并试图与旁边的小朋友交谈。王老师用严厉的眼神瞪着淘淘,问道:"有谁没有在认真拼拼图?"其他小朋友都不敢抬头,王老师则继续巡视着孩子们拼图的情况。

不久,淘淘再次坐不住了,又开始讲话。王老师直接看向淘淘,严厉地说:"闭嘴,你的拼图拼完了吗?赶紧拼自己的拼图!"听到王老师的话,小朋友们都吓得不敢抬头,淘淘也低下了头,开始认真地拼自己的拼图,不再有任何小动作。

## 幼儿园教师该说和不该说的话

### 1.10 句最值得说的话

(1)相信你可以做得更好!
(2)你真是小朋友的好榜样!
(3)小朋友们要友好,因为我们都是好朋友!
(4)大家都很喜欢你!
(5)没关系,再试一试,你一定能成功!
(6)你来了,老师可想你了!
(7)你的声音真好听,能再大声点吗?

(8) 你有进步,继续努力!

(9) 改正错误就是好孩子!

(10) 你还真是老师的好帮手!

### 2.10 句最不该说的话

(1) 你怎么那么笨,大家都会就你不会!

(2) 你给我闭嘴!

(3) 你给我站到一边去!

(4) 再学坏,晚上不要回家了!

(5) 这点小事都不会,爸爸妈妈怎么教你的!

(6) 明天别来幼儿园了!

(7) 你肯定在说谎,没人会相信你!

(8) 就你最坏了!

(9) 大家都不要和他(她)做好朋友!

(10) 随便你,不管你!

——引自陈雪芸:《幼儿教师口语训练教程》,北京师范大学出版社2014年版,第260—261页,有删改。

## 第二节　幼儿园教师教育口语的分类训练

案例导入

小玉是一个性格内向、胆小且安静的小女孩,她通常不喜欢参与体育活动。在一次"跳大绳"的集体活动中,当轮到小玉跳时,她紧张地连连摇头,声音带着颤抖:"我不敢跳!我跳不过去的!"老师注意到了小玉的不安,便走到她身边,关切地询问:"小玉,怎么了?"小玉低声回答:"我不会跳,我也不敢跳,我肯定跳不过去的!"

老师没有过多地责备,而是带着小玉走到一旁,陪她一起观察其他小朋友跳大绳的技巧。小玉看得非常专注,当她看到同伴们连续跳过绳子时,她不禁拍手欢呼。老师蹲下身,轻声问她:"小朋友们跳得怎么样?""太棒了!"小玉立刻回应。老师鼓励道:"你也可以做到和他们一样,甚至可能做得更好!""真的吗?老师,可是我跳不过去啊!"小玉有些怀疑。"当然是真的,只有尝试过,你才知道自己能否跳过去。来,让我们试一试!老师和小朋友们都会帮助你的,你一定能跳过去的!"在大家的鼓励下,小玉决定尝试。

于是,小玉站在大绳中间,两边摇绳的小朋友一边摇起大绳一边大声喊道:"跳!"在众人的期待中,小玉成功地跳过了绳子。随着时间的推移,她跳得越来越熟练,最终能够和其他小朋友一样连贯地继续跳跃。这次经历不仅让小玉克服了内心的恐惧,也让她体验到了成功的喜悦。

幼儿园教师在日常工作中始终贯彻教育理念,其教育活动不分时间和地点,随时随地都在进行。为了有效地教育幼儿,教师需要对幼儿有深入的了解,能够迅速分析事件背后的原因,并且能够恰当地运用各种教育口语。这些口语包括沟通语、劝慰语、说服语、表扬语和批评语等,旨在培养幼儿良好的行为习惯、心理素质和道德品质。

在幼儿园的一日活动中,教师频繁运用这些教育口语,以促进幼儿的全面发展。通过有效的沟通,教师能够与幼儿建立良好的关系,理解他们的需求和感受。劝慰语和说服语帮助教师引导幼儿正确处理情绪和冲突,表扬语则用于积极激励幼儿,增强他们的自信心和成就感。而批评语则是在必要时用于纠正幼儿的不当行为,但总是以建设性和鼓励性的方式进行,确保教育的正面效果。通过这些细致而全面的教育口语应用,幼儿园教师能够为幼儿的成长奠定坚实的基础。

# 一、沟通语

沟通语是教师在与幼儿互动过程中,基于对幼儿所处特定情境的深刻理解,选择适宜的语言来促进信息与情感交流的一种策略性语言。优质的沟通能够有效地缩短师生之间的心理距离,打开幼儿的心扉,使教师能够更深入地洞察幼儿的性格特征、兴趣偏好、心智发展阶段以及他们的实际需求。通过这种深入的沟通,幼儿园教师能够实现"因材施教",即根据每个孩子的个性和需求来调整教育方法,从而显著提升教育成效。这样的教育实践有助于培养出敢于自我表达、具备独立思考和创造能力的杰出幼儿。通过精心的沟通策略,教师不仅传递了知识,更激发了幼儿的潜能,引导他们在成长的道路上自信而坚定地前行。

师幼之间的沟通主要分为言语沟通与非言语沟通两大类。在言语沟通中,幼儿园教师应当深入理解幼儿的真实想法,展现耐心倾听的姿态,并充分尊重幼儿的意见。而非言语沟通则涉及教师通过眼神、面部表情、肢体动作及身体姿态等手段与幼儿进行互动交流。针对不同孩子的气质特点、不同场景及活动的背景,适宜的沟通方式亦需灵活调整。然而,言语与非言语沟通往往相得益彰,共同构建起有效的交流桥梁。例如,面对性格内向、胆怯的孩子,教师不仅需使用柔和的语言,还应辅以充满理解的眼神及表达关爱的拥抱或轻拍肩膀等非言语行为,以增强沟通效果。又如在早操活动中,教师虽需面向全体幼儿,但主要依赖眼神、表情和动作等非言语信号与孩子们保持沟通,确保活动的顺利进行。通过这种综合运用言语与非言语沟通技巧的方式,幼儿园教师能够更有效地与孩子建立情感联系,促进其全面发展。

**示例:**

东东急匆匆地跑向老师,报告说:"昊昊拿走了他的积木。"老师随即牵起东东的手,一同来到昊昊面前,静静地注视着他。昊昊抬起头,带着一丝尴尬问道:"老师,您为什么这样看着我呢?"老师温和地回应:"昊昊,你有没有觉得自己做了什么不对的事呢?"昊昊低头摆弄着手中的积木,侧着脑袋回答:"我不清楚。"老师耐心地继续引导:"那请你再仔细回想一下,只有当你意识到并告诉我之后,你才能继续玩积木呦。"昊昊立刻说道:"我只是想和东东一起搭建积木……"老师追问道:"哦,那你有没有把自己的想法告诉东东,并且得到他的同意呢?"昊昊显得有些迟疑,"我……""下次如果你想加入别人的游戏,记得先征求对方的意见,好吗?不然别人可能会误解你的意图。""好的,老师,我明白了。"昊昊点头表示接受教导。


在幼儿之间,冲突和争执是常见的现象,多数情况下这些问题源于沟通的不畅。尽管老师在日常教学中已经教授了一些解决问题的策略,但在许多情况下,仍然需要老师的介入来帮助孩子们解决纷争。以示例中的昊昊为例,他不愿承认错误,这背后的心理是担心承认错误会带来批评或惩罚。针对这种心理

状态,老师采用了开放性问题的方式来引导昊昊自我反思,帮助他认识到自己的错误,并在交流过程中让昊昊明白了通过询问他人可以礼貌地加入小伙伴们的游戏中。这种师生之间的互动式沟通,不仅有助于孩子们更具体、全面地表达自己,也让老师能够更客观地了解情况,做出恰当的判断,从而帮助幼儿建立起正确的是非观。

## 二、劝慰语

劝慰语是教师在幼儿园环境中针对幼儿因不适应或与同伴发生冲突等情境下所产生的负面情绪时,所使用的一种安抚性语言。在成人眼中可能是微不足道的小事,对幼儿来说却可能轻易引起情绪的波动,进而可能导致各种消极行为的产生。因此,教师根据不同情境运用恰当的劝慰语显得至关重要。真诚、适当且及时的劝慰话语能够有效安抚幼儿的不良情绪,化解他们内心的消极情感,从而鼓励幼儿以更加积极的态度参与到活动中去。

示例:

午睡结束后,老师引导小朋友们穿好衣服前往盥洗室小便和洗手,准备吃水果。小朋友们陆续进入盥洗室。此时,突然传来一个小朋友的声音:"老师,大凯还没起床穿衣服。"大凯躺在床上,紧紧抓住被子,显得十分紧张,一动不动。保育员穆阿姨听到小朋友的呼唤后,急忙催促大凯:"大凯,快起床了,怎么还在那里躺着?"大凯将头埋进被子里,没有回应。穆阿姨再次提醒:"起来了吗?你听到了吗?"大凯依旧静静躺着,沉默不语。周围的小朋友们也纷纷围过来,喊着:"起床了,起床了,你怎么还躺着呢?"穆阿姨走过来,将小朋友们劝离:"别聚在一起了,快去外面吃水果。"同时,她对着大凯大声说:"我叫你好几遍了,你怎么还不起来?快点起来!"穆阿姨一边说着,一边用力拉开大凯的被子。被子被一把拉开,穆阿姨惊讶地喊道:"你尿床了?你怎么会尿床呢?"这句话让大凯瞬间泪流满面,脸颊上的泪水与汗水混杂,湿成一片。

在幼儿园中,幼儿偶尔尿床是一种常见现象。处理此类情况时,老师应采取温和的方式,避免直接揭露,给孩子留有面子,并使用安抚性的语言来缓解幼儿的不安情绪。例如,可以说:"今天天气很热,你出了很多汗,下次如果感觉出汗多,要记得告诉老师呦,否则冷风吹到可能会感冒。"这样的说法既保护了孩子的自尊,又传达了一个信息:遇到类似情况要及时告知老师,不必害怕,因为忍着不说可能会导致感冒。这样做有助于减轻孩子的焦虑,避免形成心理负担。反之,如果处理不当,可能会使孩子在每次午睡时都担心尿床,从而在心理上留下阴影,形成恶性循环。

## 三、说服语

说服语是教师在教育过程中使用的一种口语技巧,通过事实陈述、道理阐述,以及示范的结合,促使幼儿接受或遵循某种意见、建议和主张。幼儿园教师在使用说服语时,应充分考虑幼儿身心发展的特点、兴趣爱好和接受能力,采用暗示和疏导的方法,而不是简单的说教。在幼儿园的教育教学实践中,教师通常运用生动形象的语言来传达正确的道理,这不仅能影响幼儿原有的思想、态度和行为,还能在幼儿之间发生争执和纠纷时,帮助他们学会理解和体会他人的感受,从而控制自己的不良行为,培养分享、互助和谦让等积极的行为习惯。

**示例:**

齐齐在围棋班学习了一段时间后,回到幼儿园总是找班上的小朋友下棋。每当他赢了,就会嘲笑对手"太笨""水平差",渐渐地,班里的小朋友都不愿意再和他下棋了。

一天,齐齐再次找小伙伴下棋时,却无人应战。看到他渴望的眼神,张老师走过去对他说:"齐齐,敢不敢和我下一盘?"他立刻精神焕发,一边准备棋盘和棋子,一边说:"好啊,来,看谁更厉害。"第一局,张老师故意输给了他。他得意地说:"真笨!"围观的小朋友们纷纷指责他:"你不能这样对老师说话。"齐齐却不以为然:"她赢不了我,就是笨。"看到他那自大的样子,张老师提议:"再下几盘,怎么样?"他轻蔑地回应:"再下,您也得输,来吧!"结果,齐齐连输三盘。常胜将军终于按捺不住了,满脸通红,大声叫嚷:"气死我了,我怎么赢不了你呢?"小文对齐齐说:"这回该是你笨了吧!"齐齐狠狠地瞪了小文一眼。张老师立即制止小文:"不要这样说齐齐,这次输了不代表下次还会输。下次多动脑筋,一定会赢的。"

安排其他小朋友继续游戏后,张老师坐下来,把齐齐揽在怀里,温柔地问:"齐齐,输了棋,心里不舒服吧?""嗯。"齐齐点点头,眼眶里已经涌出了泪水。张老师继续说:"你输棋,心里是不是很难受?想一想,别的小朋友输了棋心里

会怎样?刚才小文说你笨,你不爱听,可你每次赢棋时,总说别的小朋友笨,小朋友们会怎样想呢?"齐齐抬起头,认真地说:"老师,我错了,我以后不那样说小朋友了,我要教他们下棋。"张老师欣慰地拍拍他的后背,心中充满了感动和骄傲。

在说服幼儿时,应当因人施教,因事制宜。说服的方法多种多样,包括委婉法、直表法、暗示法等。齐齐因为曾学习过围棋,在幼儿园与小朋友们下棋时总能胜出,这使他变得骄傲自大,常以"笨""下棋差"等言辞嘲笑其他小朋友。发现这一问题后,老师采取了削弱气势的方法,让齐齐感到钦佩并自愧不如。张老师并未直接指责齐齐的错误,而是巧妙地抓住时机,因势利导,运用移情的方式进行说服教育,最终取得了良好的教育效果。

## 四、表扬语

表扬语是教师对幼儿的思想和行为给予肯定的评价性语言,它有助于巩固和促进幼儿的优点发展。由于幼儿的自我认知很大程度上依赖于成人的评价,因此,幼儿园教师使用恰当、热情且具有感染力的语言进行表扬,不仅能提升幼儿辨别是非的能力,还能增强他们的自信心和自尊心,促进自我效能感的提高,从而培养出积极向上、不断进取的人生态度。此外,教师的表扬还能培养幼儿对他人的欣赏和肯定,形成积极健康的心态,为他们未来的成长和完善人格的塑造奠定坚实基础。

在使用表扬语时,幼儿园教师应注意以下几个要点:

① 表扬语的选择应恰到好处,确保其适宜性和贴切性;

② 表扬应具体明确,侧重于对幼儿行为过程的认可,而不仅仅是结果的赞扬;

③ 教师在表扬时,态度应真诚、诚恳且充满热情;

④ 表扬的形式应符合幼儿的年龄特点,适应他们的认知和情感发展水平;

⑤ 教师对幼儿的表扬应根据幼儿个体性格的差异进行个性化调整,确保表扬的有效性和针对性。

示例：

毛毛是托班的新成员，他加入幼儿园已将近两周。在家的日子里，毛毛总是习惯于爸爸妈妈的喂食。然而，幼儿园里的小朋友们多，保育员阿姨忙得不可开交，难以顾及每一个孩子的喂食需求。

一天午餐时，毛毛静静地坐在椅子上，目光在忙碌的阿姨和自己的饭碗之间来回游移。他决定自己尝试，于是拿起小勺，小心翼翼地从碗中舀起一些饭，缓缓将嘴凑近，勇敢地吃下了第一口。

老师目睹了这一幕，便走到毛毛面前，赞扬道："哇，毛毛真是太棒了，能够自己吃饭啦！"受到鼓励的毛毛，满心欢喜地加快了吃饭的速度。老师继续指导说："如果毛毛能先吃一口饭，再吃一口菜，那就更完美了！"毛毛立刻将勺子伸向了菜盘，舀起一勺蔬菜，毫不犹豫地送入口中。

毛毛，这位托班的小朋友，最初习惯于依赖他人的喂食。然而，随着时间的推移，他逐渐展现出愿意自己动手吃饭的勇气。这一转变被老师敏锐地捕捉到，随即对毛毛的独立行为给予了及时的表扬与鼓励。这份认可让毛毛对自己的能力充满了信心和自豪。

当毛毛因得到老师的肯定而欣喜若狂时，老师巧妙地提出了更高的期望——希望他能将饭和菜搭配着吃。毛毛在感受到老师的信任与期待后，自然而然地接受了这一建议，并迅速付诸行动。这种正向的互动不仅增强了毛毛的自理能力，也深化了他与老师之间的信任关系。

## 五、批评语

批评语，作为幼儿园教师在面对幼儿不良语言和行为时所采用的一种否定性评价语言，其核心目的在于引导幼儿纠正不当行为，并助力其从小培养良好的行为习惯与道德品质。批评，无疑是一种重要的教育手段，它既是对幼儿错误行为的警示，也是对正确行为模式的塑造。

在当今社会，许多孩子因身为独生子女而备受家庭宠爱，宛如家中的"小皇帝"。加之，部分教养者在赏识教育实施过程中的不当运用，使得孩子容易形成自负、自制力弱、抗挫折能力不足的性格特点，往往只能接受赞美，难以承受批评。然而，缺乏批评的教育就如同"缺钙"的教育，是不负责任的表现。

每个孩子的成长之路都伴随着犯错与改正的过程。幼儿园教师应接纳孩子们的错误,并适时运用批评语,帮助他们认识并改正错误,从而促进孩子们健康、全面的成长。批评并非单纯的负面反馈,而是蕴含着教师对幼儿深层次的关爱与期望,旨在通过恰当的指导,助力幼儿在人生的早期阶段打下坚实的基础。

在运用批评语时,幼儿园教师应当遵循以下原则以确保批评的有效性与适宜性。

### (一)情绪管理

幼儿园教师需保持冷静,确保批评语言客观中立,避免将批评作为个人情绪宣泄的手段。批评应基于事实,而非情绪驱动。

### (二)具体针对性

批评应针对具体行为,一事一议,避免将问题泛化或进行"算总账"式的批评。教师应就事论事,避免做出过于绝对或结论性的评价。

### (三)适时适度

批评的时机和方式应因场合和幼儿的性格特点而异。教师需明确批评的目的,并根据实际情况选择最合适的批评方法,确保批评既有针对性又不过度。

### (四)强调后果

教师在批评时,应着重说明错误行为可能带来的后果,帮助幼儿理解其行为的潜在影响。同时,要确保幼儿明白批评是针对其错误行为,而非对其个人的否定,从而维护幼儿的自尊心和安全感。

**示例:**

早餐过后,幼儿们都沉浸在新购买的积木玩具中。图图也渴望加入,他挤进人群,伸手索要玩具,同时大声说道:"让我也玩一下!"然而,阳阳和其他小朋友并不愿意分享,他们让图图离开。图图感到愤怒,大声叫嚷:"气死我了!"并用力推开了阳阳,阳阳躲避后继续与小伙伴们玩耍。

图图气愤地转身,恰好看到操作毯,便抓起它向阳阳投掷,并质问:"气死我了,你们为什么不让我玩?"阳阳躲避并用玩具车回应:"就是不和你玩!"其他小

朋友也模仿阳阳的态度。图图怒气更甚，跑出去转了一圈后，仍然想玩，于是又跑到安安旁边。当图图试图拿取安安的玩具车时，再次遭到拒绝。图图极度愤怒，尖叫着威胁要把所有玩具都拆掉。

情绪失控的图图开始推搡旁边的柜子，幸好被老师及时制止。接着，他看到地上的书包，便狠狠地踢了一脚，并将手中的玩具扔向同伴。老师走过来，温柔地拉起图图的手询问原因。图图回答："他们不让我玩！"老师安慰道："可能是因为人太多，他们也想多玩一会儿，也许等他们玩够了就会让你玩了，耐心等待一下吧！"

老师继续引导图图反思自己的行为："你刚才生气时做了一些事，比如打阳阳、用操作毯砸人、推柜子、踢书包、扔玩具，这些行为对吗？"图图摇头表示不对。老师解释说："虽然小朋友不让你玩玩具，但你也不能做那些事，因为这些行为并不能解决问题。你看，同伴们都在避开你，他们还会愿意分玩具给你玩吗？"图图再次摇头，意识到自己的行为并不恰当。

图图属于胆汁质的气质类型，这种气质的人在需求未得到满足时容易产生强烈的不满情绪，并在交往中表现出破坏性行为。当图图连续遭到小朋友的拒绝后，他原本的兴奋情绪受到了打击，情绪迅速且剧烈地变化，导致他不仅试图推倒柜子，还踢书包、扔玩具。此外，图图的情绪转换速度较慢，且长时间处于激烈而躁动的状态，这使得他难以冷静下来深入思考自己的行为。

在处理这一情况时，老师表现出了极大的冷静，没有随孩子的情绪起伏而激动。老师轻轻地拉起图图的手，让他感受到老师对他的情绪和情感的理解，从而产生认同感。同时，这给予了图图一个冷静下来的机会。待图图情绪逐渐平复，老师开始分析事件的根本原因，引导图图思考应如何妥善处理。通过这样的方式，图图能够意识到自己的错误，从而达到批评和教育的目的。

## 练一练

1. 说说案例中的教师运用了哪一类的教育口语,好在哪里,你从中学到些什么?

乐乐是一位性格内向的中班幼儿,她虽然不善言辞,却总是通过亲吻她喜欢的小朋友来表达情感,这导致其他幼儿常常躲避她。某次排队时,乐乐又亲了她旁边的小敏,小敏对此感到不悦,并直言:"别碰我,烦人!"老师闻声而至,温和地询问乐乐:"乐乐,你为什么要亲小敏呢?"乐乐坦诚地回答:"因为我喜欢她,想和她成为好朋友。"老师听后微笑着解释道:"乐乐,与他人建立友谊有许多方式,不必非得通过亲吻。你可以轻轻地握握她的小手,或者拉拉手,这也是友谊的体现。未经小敏同意就亲她,让她感到不快,而且亲吻本身也不卫生。现在,你可以去和小敏握握手,告诉她你想和她成为好朋友,我相信小敏会很高兴接受你的友谊,不会再对你有任何反感。"

2. 根据各类幼儿园教师教育口语的特点和要求,针对具体情境,设计并运用恰当的教育口语,教育孩子养成良好的行为规范。

(1)上美术课的时候,老师教小朋友们画猫,红红坐在小椅子上,咬着自己的小手,不动笔。老师问她为什么不跟着老师学画猫。红红说她不喜欢猫,就不画猫。这个时候,如果你是这位美术老师,你要怎么对红红进行引导?(提示:可采用沟通和说服等方式对幼儿进行引导,注意了解原因。)

(2)午睡期间,中班卧室里大多数幼儿已经安静入睡了,有些幼儿还在动来动去、小声说话。针对这种情况,你要选择什么时机对幼儿的午睡规则进行教育?如何做?(提示:注意多数幼儿已经睡了,注意时机的把握。)

3.模拟教学情境,讲一段符合教育口语要求的话,初步探索如何运用各类教师口语进行教育活动。

(1)设计一段沟通语,告诉小班幼儿不要把玩具带回家。
(2)设计一段表扬语,在大班表扬认真听讲的幼儿。

## 如果

多萝茜·洛·诺尔特

如果一个孩子生活在批评之中,他就学会了谴责;
如果一个孩子生活在敌意之中,他就学会了争斗;
如果一个孩子生活在恐惧之中,他就学会了忧虑;
如果一个孩子生活在怜悯之中,他就学会了自责;
如果一个孩子生活在讽刺之中,他就学会了害羞;
如果一个孩子生活在耻辱之中,他就学会了负罪感;
如果一个孩子生活在鼓励之中,他就学会了自信;
如果一个孩子生活在忍耐之中,他就学会了耐心;
如果一个孩子生活在表扬之中,他就学会了感激;
如果一个孩子生活在接受之中,他就学会了爱;
如果一个孩子生活在认可之中,他就学会了自爱;
如果一个孩子生活在承认之中,他就学会了要有一个目标;
如果一个孩子生活在分享之中,他就学会了慷慨;
如果一个孩子生活在诚实和正直之中,他就学会了什么是真理和公平;
如果一个孩子生活在安全之中,他就学会了相信自己和周围的人;
如果一个孩子生活在友爱之中,他就学会了这世界是生活的好地方;
如果一个孩子生活在真诚之中,他就学会了头脑平静地生活。

——引自谢芝玥,钟发全:《卓越教师的专业修炼》,福建教育出版社2014年版,第112—113页,有删改。

# 第四章　幼儿园教师交际口语训练

### ★学习目标

1. 了解幼儿园教师交际口语的含义和特点。
2. 掌握使用幼儿园教师交际口语的原则。
3. 培养运用口语交际中良好的思维品质和心理素质。
4. 学会正确把握语境进行交际。

交际是人类生存、生活和生产过程中不可或缺的重要组成部分。人类的交际方式主要分为书面交际和口语交际两大类。在文字尚未出现之前，人类主要依赖口语交际来进行日常的交往。随着文字的发明，人类得以记录历史，信息交流也迈入了一个全新的阶段。尽管如此，口语交际依然是最直接、最重要、最便捷且最频繁的交际形式。

口语交际涉及听说双方在共同的语言环境中相互传递和分享信息的过程，它是人与人之间沟通和交流的基本手段之一。对于幼儿园教师而言，在日常的生活和工作中，具备良好的口语交际能力尤为关键。因此，幼儿园教师必须培养运用交际口语时的良好思维品质和心理素质，并能够准确把握交际语境以进行有效的沟通。

# 第一节　幼儿园教师交际口语概述

**案例导入**

淘淘确实是个名副其实的"淘气包",无论何时走路,总是选择奔跑的方式。尽管老师已多次提醒,他依旧习惯于用奔跑代替步行。某日午餐前,当老师引导小朋友们有序地穿上罩衣、洗手时,淘淘一如既往地抬腿就跑,结果不慎摔倒,额头磕出了一个大包,疼痛使他不禁大哭。

面对这样的突发事件,作为教师的你会怎么处理呢?

## 一、幼儿园教师交际口语的含义与特点

### (一)幼儿园教师交际口语的含义

幼儿园教师交际口语是幼儿园教师口语体系中的关键组成部分,它涉及幼儿园教师因多样化的目的和需求,在各类活动中,与幼儿及其家长、学校领导、同事以及其他社会成员之间的口头交流。这种口语形式与教师在课堂教学中使用的教育口语和教学口语有所不同,它更多地体现了教师在完成教育任务、深化家园合作、协调同事关系等方面的沟通需求。幼儿园教师交际口语的掌握,对于提升教师的专业素养、优化教育教学环境、增强家园间的互信与合作具有不可或缺的重要性。因此,它是幼儿园教师必须精通的一项专业技能。

### (二)幼儿园教师交际口语的特点

幼儿园教师交际口语除了具备一般交际口语的情境性、及时性和交流性的特点之外,更因其职业特性而展现出独特的特点。

1. 规范性

规范性是幼儿园教师在交谈中必须遵循的重要准则。首先,教师应使用标准的普通话,确保语音流畅、语调自然、节奏明快,并控制好语速,使之既不过于拖沓也不显得杂乱无章。这样的语言表达能够帮助幼儿更好地理解和模仿,从而提高他们的语言能力。其次,在叙事、抒情和说理时,幼儿园教师应做到用词恰当、逻辑清晰。这不仅要求教师具备丰富的词汇量,还要求他们在表达时能够条理清晰、言简意赅。通过精准的表达,教师可以更好地传递知识和情感,激发幼儿的学习兴趣和情感共鸣。最后,幼儿园教师在日常口语交际中应避免使用污言秽语和口头禅,要使用礼貌用语。这不仅体现了幼儿园教师的专业素养,也是对幼儿进行良好行为示范的重要方式。通过使用礼貌用语,教师可以为幼儿营造一个文明、和谐的交流环境,帮助他们从小养成良好的社交习惯。

2. **教育性**

教育性是幼儿园教师在口语交际中的核心特质,它强调每一次交流都应承载着明确的教育目的。作为育人的重要角色,幼儿园教师在与家长的沟通中扮演着至关重要的桥梁作用。他们不仅要深入了解幼儿的家庭背景,更要通过对话与家长建立起教育共识,共同促进幼儿的成长。此外,幼儿园教师还应敏锐地发现家长在家庭教育中的潜在问题,并提供专业的指导与建议,确保教育的连贯性与有效性。因此,幼儿园教师的交际口语不仅仅是日常对话,更是潜移默化的教育引导,体现了其教育性的本质。

3. 科学性

科学性是幼儿园教师口语交际的基石,它要求教师在传达教育内容和理念时必须严谨且符合科学原则。幼儿教育的教学内容和方法的科学性直接映射在教师的口语表达上,应确保每一次交流都能传递正确的信息。在与幼儿沟通时,教师应确保概念的准确无误、判断的科学合理、分析的客观公正以及推理的逻辑严密。正是这种科学和准确性的要求,塑造了幼儿园教师交际口语的鲜明特点。

#### 4. 生动性

生动性是幼儿园教师口语交际中不可或缺的特质，它体现在教师强大的语言表现力上。具体而言，幼儿园教师在与人交流时，首先，应注入真挚的情感，让内心感受自然流露于言语之中；其次，教师应巧妙地运用得体的态势语言，如表情、动作和姿态，来加强口语的表达效果。这些生动且得体的非语言元素能够形象地传达教师的思想感情，为幼儿留下深刻而鲜明的印象。

#### 5. 可接受性

可接受性是幼儿园教师在口语交际中追求的重要目标，它要求教师的口语表达能够被交际对象轻松并乐意接受。为此，幼儿园教师需根据交际对象的年龄特征、知识水平和职业背景等因素，灵活调整自己的口语内容和风格。此外，教师还需敏锐地捕捉交际时的具体情境，根据情境的变化调整表达方式，确保口语交际的效果达到最佳。通过这种方式，幼儿园教师能够更有效地与幼儿沟通，促进信息的传递和情感的交流。

## 二、幼儿园教师运用交际口语的原则

幼儿园教师不仅需与幼儿们紧密相处，还需与来自不同背景、职业的人士进行交流，并参与各类活动。因此，他们必须具备高水平的口语交际能力，能够根据不同的交际环境和对象灵活运用语言，确保交际对象感到满意，并成功完成交际任务。为了在各种情境中恰当地运用交际口语，幼儿园教师必须严格遵守交际原则，确保沟通的有效性和适宜性。

### （一）职业性原则

职业性原则体现在幼儿园教师与交际对象沟通交流时，所使用的交际口语必须符合幼儿园教师这一职业的特定要求。这意味着他们的语言表达应体现出专业性和适宜性，确保与幼儿及其家长的沟通既有效又恰当。

### （二）真诚性原则

真诚性原则是指幼儿园教师在与交际对象进行沟通交流时，应秉持真诚的态度,发自内心地表达自己的想法。这种真挚的交流方式不仅能够建立信任,还能促进有效的沟通和理解。

### (三)对象性原则

对象性原则要求幼儿园教师针对不同的交际对象,灵活运用不同的交际形式,并相应地调整交际内容。这意味着教师应根据交际对象的特点和需求,采取适宜的沟通策略,以确保信息的有效传达并被理解。

### (四)场合性原则

场合性原则强调幼儿园教师应根据不同的交际场合,对相同的思想内容采用多样化的语言表达方式。这意味着教师需适应场合的特定要求,运用恰当的语言形式来传达信息,确保交际的适宜性和有效性。

### (五)灵活性原则

灵活性原则要求幼儿园教师在面对具体的交际场合和对象时,能够及时调整交际策略,并灵活运用交际口语。这种能力确保了教师能够根据实际情况,采用最合适的交流方式,以促进有效的沟通和互动。

## 三、幼儿园教师运用口语交际时的思维培养

思维是语言的根基,而语言则是思维的载体。口语表达的过程实质上就是将思维成果转化为言语的过程。口语表达不仅能够反映思维,还能促进思维的深化与提升。思维与口语表达两者相辅相成,紧密相连。思维能力的高低直接影响到口语交流的质量与效率。因此,口语训练必须与思维训练相结合,而思维训练的关键在于掌握各种思维方式,从而提升思维的深度与广度。

### (一)思维方式

常见的思维方式从思维的轨迹来看,有发散思维与集中思维、正向思维与逆向思维。

1. **发散思维与集中思维**

发散思维是一种从中心点出发,向不同层次和方向扩展,从而产生多种新信息的思维模式。它是一种在相同中寻求差异的思维方式。通过训练发散思维,说话者能够使自己的思路更加流畅,擅长于发挥联想,并且能够灵活应对各种情况。发散思维的训练可以通过三种联想方式进行:接近联想(由于两种事物在时间或空间上接近而引发的联想)、相似联想(因两种事物的性质相似而产生的联想)、对比联想(通过对比分析,发现两种事物间的相似之处的联想)。

集中思维则是围绕一个中心点,对众多新信息进行筛选、归纳和重新组合的过程。通过训练集中思维,可以使表达更加目的明确、重点突出,并且具有较强的概括能力。集中思维的常见形式是散点连缀,即将多个思维点聚焦于一个核心,形成一段完整的论述。

2. **正向思维与逆向思维**

正向思维,即遵循常规的思考模式,而逆向思维则是一种与常规思维背道而驰的思考方式。逆向思维要求我们从问题的反面或对立面出发,对思维对象进行反向的审视。这种思维方式能够突破人们的思维惯性,促使我们对传统观念进行深刻的反思和更新,从而在口语交际中不断涌现新意。

(二)思维品质

要保证思维效果,提高思维效率,必须具有良好的思维品质。良好的思维品质主要指思维的条理性、开阔性、敏捷性、灵活性和新颖性。

1. **思维的条理性**

思维的条理性表现在说话时中心明确、条理清晰、言之有序。这是思维的基本要求。只有思路清晰,才能确保语言流畅、表达清晰;反之,思维混乱则会导致语言杂乱无章,叙述不清,论点不明。具体来说,条理性的思维要求在议论时必须有明确的论点与论据,并且论述过程要步步为营;在叙事时,则要求主线明确,层次分明,衔接紧密。

### 2. 思维的开阔性

思维的开阔性，实质上指的是思维的广度。我们不仅需要全面且辩证地审视问题，还应培养丰富的想象力和联想能力，灵活运用多种思维方式进行深入思考。这种开阔的思维方式，在口语交流中能够提供更多的话题，从而达到更加理想的交流效果。为了培养开阔的思维，我们必须广泛地倾听、观察、阅读和思考，以积累更为丰富的知识。

### 3. 思维的敏捷性

口语的显著特点在于其双向交流和即兴表达的特性。这种交流方式要求说话者必须具备敏捷的思维和快速的反应能力。因此，在口语交际中，思维的敏捷性和将思维迅速转化为语言的能力是最关键的思维品质，也是评估个人口语能力的重要指标之一。为了培养这种敏捷的思维能力，我们必须强化快速观察、分析和判断能力的训练，以及提升临场应变能力。能够根据不同情况迅速作出反应，无论是直接应对还是巧妙地反问，都能将被动转变为主动，将不利转化为有利，从而在交流中保持优势。

### 4. 思维的灵活性

思维的灵活性，亦即思维的变通性，要求说话者在面对具体情境和立场变化时，能够随机应变，做出恰如其分的巧妙回应。这种能力体现了一个人在交流中的适应性和创造性，是提升口语表达效果的关键因素之一。

### 5. 思维的新颖性

在口语交际中，若总是重复他人的观点而缺乏个人见解，必然难以受到他人的欢迎。为了使表达内容具有新意，我们必须打破固有的思维模式，避免形成思维定式。我们应当善于运用发散思维和逆向思维等多元思维方式，并追求思维的广度和深度。

思维方式与思维品质并非孤立存在，而是相辅相成的。通过发散思维，我们的思维可以变得更加深刻、敏捷和灵活；通过逆向思维，我们的思维可以更具创新性。

尽管幼儿园教师并非外交家或谈判家，但他们同样是社会的一部分，需要与他人进行沟通和交往。在幼儿园中,幼儿常常会提出各种意想不到的问题。此外,幼儿园教师还需与家长、领导和同事等多方交流。如果没有敏捷而深刻的思维,他们可能会处于被动状态。因此,为了成为一名合格的幼儿园教师并受到欢迎,应在日常生活中多听、多看、多读、多想、多联系,掌握多种思维方式,提升思维品质,从而提高口语表达能力。

## 四、幼儿园教师运用口语交际时的心理素质培养

心理是人脑对客观现实的能动反映。人的心理素质涵盖了观念、意识、情感和意志等方面,这些都与人的工作、学习、生活及人际交往紧密相连。积极且良好的心态是确保口语交流沟通顺畅的关键因素。相反,胆怯、自卑、自傲等心理障碍则会妨碍沟通交流的效果。因此,克服心理障碍,培养健康的心理素质,掌握心理沟通的技巧,建立自信的心态,是实现人际交往和师幼口语交流沟通成功的先决条件。

(一)克服口语表达中心理障碍的方法

人际交往能力强的人通常具备自信、自控和自强等特质,同时展现出主动性、坚毅性和果断性。这些优秀的心理素质并非与生俱来,而是通过后天的培养和训练逐渐形成的。深入理解口语交际中所需的良好心理素质、识别心理障碍的类型,并掌握克服这些障碍的有效方法,对于幼儿园教师而言至关重要,这将助力他们成为沟通交流的高手。

1. **口语交际中良好的心理素质**

口语交际中良好的心理素质包括自尊自信、真诚热情、宽容果敢等。

(1)自尊自信

自尊,是对自身人格与荣誉的尊重;自信,则是对自己当前能力及潜在能量的充分肯定。自尊自信不仅是做人的基本准则,更是口语交际顺利开展的基石。在日常生活中,唯有秉持自尊自信的人,其言辞才具备说服力,能有效影响他人的心理与行为,从而实现个人价值,赢得他人的尊重。

(2)真诚热情

真诚,作为一种高尚的品德,代表着内心的纯洁与坦率;而热情,则是友善的显著标志,展现了对他人的温暖与关怀。唯有真诚地尊重他人,设身处地为对方着想,交际双方才能在心理上建立起信任与安全感,从而推动交往的深入发展。因此,真诚与热情不仅是人际交往的前提,更是其稳固的基石。

(3)宽容果敢

宽容,象征着内心的宽广与包容;而果敢,彰显了决断与行动力。在复杂多变的社会交往中,当我们遭遇棘手且尖锐的难题时,应秉持宽容与果敢并重的心态。宽容能够化解矛盾,赢得他人的信任与尊重;果敢则有助于我们争取宝贵的时间,开辟新的机遇。因此,在与人交往时,我们应展现出宽容大度的胸怀,即使在占理的情况下,也能主动退让,以理服人。

**2. 口语交际中的心理障碍**

在公众面前讲话时,许多人有不自在、恐惧、担心等心理反应,这些不良或不适的心理反应通常被称为心理障碍。心理障碍作为影响口语表达的重要因素,在口语交际过程中尤为显著,其主要表现形式包括以下几种。

(1)胆怯

当站在讲台上面对众多听众,出现心慌意乱、无所适从的状态时,通常是由于紧张引起的语言、神态及表情上的紊乱,这种心理问题被称为胆怯。胆怯的典型表现包括声音微弱、目光呆滞、避免与他人对视、面色泛红、呼吸急促,甚至手脚颤抖等。这种心理障碍在新手幼儿园教师中尤为常见。

总的来说,胆怯心理往往源于自我保护的本能。对于初次教学的新手幼儿园教师来说,轻微的紧张和胆怯是一种正常的心理反应。关键在于逐步克服这种胆怯,不断提升自信心,并给予自己更多的鼓励和支持。

(2)自卑

自卑是一种消极的心理状态,它显著影响了人际交往的质量。在这种状态下,个体往往不敢与他人平等地交流,担忧受到他人的冷落和嘲笑。在与人沟通时,自卑者常表现出脸红心跳、语无伦次、手足无措等紧张反应。

自卑的本质在于自我意识的弱化。自卑的人往往过分关注自己的弱点,而忽视了自己的优势。这种心理状态可能导致个体变得孤僻、忧郁,丧失自信心,甚至引发沮丧、暴怒等负面情绪。对于幼儿园教师而言,自卑心理尤其不利于开展正常的教育教学活动,因此需要特别关注和积极应对。

(3)自傲

自傲是一种心理倾向,它以自我为中心,导致个体在人际交往中过度聚焦于自我。这种倾向在交流中表现为滔滔不绝、高谈阔论,往往忽视了听众的感受和反馈。自傲心理阻碍了交际双方关系的和谐发展,是一种应当被克服的心理障碍。

值得注意的是,自傲与自尊是两种截然不同的心理状态。自傲建立在过分自我中心的基础上,是一种脱离现实的自我评价;而自尊则是基于客观事实的正确自我评估。在人际交往中,建立和维护良好的自尊心理至关重要,这有助于消除自傲心理,促进更健康、平等的人际互动。

### 3. 克服口语交际中心理障碍的方法

克服口语交际中的胆怯、自卑和自傲等心理障碍,关键在于进行正确的自我评价。此外,辅以积极的自我暗示,并主动参与口语交际实践,有助于在实践中逐步培养出良好和健康的交际心态。克服这些心理障碍的有效方法,首先是深入探究其成因,然后依据这些成因采取针对性的训练措施,以此来塑造和提升个人的心理素质。

(1)心理稳定法

在开始说话之初,说话者可以做几次深呼吸,使呼吸与心跳趋于正常;小口喝水,慢慢咽下,稳定情绪,专注于所要表达的内容;开始时不要急于说话,扫视全场,待场静下来后再开讲。

(2)自我心理暗示法

在开始说话之初,闭目深呼吸,告诉自己"我能够讲清楚,一定会做得好";目光平视,自我暗示"只要不慌张,慢慢讲,紧张一定会消除"。多用自我鼓励、自我肯定的心理暗示,进而消除紧张、胆怯、自卑等心理障碍。

### (二)口语表达中心理沟通的方法

对于幼儿园教师来说,能否有效地与幼儿、家长以及学校领导进行沟通,是教育口语和教学口语成功的关键。在口语交际中,心理沟通的技巧包括倾听、认同和情绪调控等。通过这些方法,教师可以更好地理解并满足各方的需求,从而提升沟通的效果和教学的质量。

**1. 倾听**

倾听是心理沟通的基石。它不仅能满足说话者的自尊需求,还有助于营造一个有利于沟通的氛围。在倾听的过程中,我们不仅仅是在用耳朵接收信息,更是在深入理解对方,并思考如何恰当地作出回应。因此,倾听要求我们具备耐心、谦逊和智慧,这需要良好的心理素质作为支撑。通过有效的倾听,我们可以更加精准地把握沟通的方向和深度,从而提升沟通的质量和效果。

**2. 认同**

构建认同心理,本质上是在探寻谈话双方之间的共同语言,以促进心理上的亲近与趋同。这种心理认同是开启有效沟通的关键。实现认同的方法主要有两类:一是存异求同,二是设身处地。

存异求同意味着在沟通中遇到分歧时,双方应暂时搁置争议,转而寻找共同点以达成共识。在双方情绪稳定、观点接近的基础上,再逐步深入讨论敏感话题,这样更容易取得一致意见。

设身处地则是要求沟通双方暂时避开敏感议题,尝试站在对方的角度思考问题。当对方感受到你是真心为其考虑时,他们的心理状态会变得较为放松和开放,从而能更客观地审视和评价你的观点,最终达成沟通的目的。

通过这两种方法,我们可以有效地减少沟通障碍,增进相互理解,从而提高沟通的效率和质量。

**3. 调控**

调控,即运用言语技巧以控制话语权,旨在实现沟通心理、统一思想的目标。面对一些不宜直接表达或难以直面的话题,可以采用"曲径通幽"的策略,通过类比、推理等手段迂回诱导,达到心理层面的有效沟通。

具备良好的心理素质和较强的沟通能力是幼儿园教师不可或缺的职业素养。幼儿园教师需在长期的语言实践中培养自信心,精通沟通技巧,从而更有效地进行口语交流,顺利推进教育教学活动。

## 五、幼儿园教师运用口语交际时的语境适应

语境,简而言之,即语言环境或使用语言的环境,是人们进行语言交际的背景。它不仅涵盖了语言因素,例如上下文或话语的前后关系,还包括了非语言因素,如交际的时间、地点、场合以及沟通对象的文化背景和社会背景等。总而言之,语境涉及交际对象、前后文、交际场合及交际背景这四大要素。

(一)语境的作用

口语交际中,语境具有解释语言意义、辨析歧义与反语、选择最佳表达等作用。

**1. 解释语言意义**

在口语交际中,人们往往根据对话者的已知背景,省略部分话语。因此,口语交流中的句子常常看似不完整,但这并不影响表达者完整传达自己的意图,且对方也能接收到完整的信息。这种现象的成因在于语境提供了潜在的信息。由于语境的存在,口语中的独句、省略句不仅能有效地传达情感和意义,还增添了生动性和简洁性。例如,在户外活动的孩子们中,一个孩子大喊:"飞机!"根据当时的具体语境,这个孩子所要表达的信息实际上是:"快看,天空中有一架飞机!"

**2. 解析歧义与反语**

在语言表达中,歧义现象(即某些表达可能被理解为不同的意思)和反语现象(即某些表达的意思与字面意思相反)是常见的。语境在这两种现象中扮演着关键的角色,帮助我们辨析和理解这些表达。在口语交流中,每一句话都不是孤立存在的,而是与特定的时间、场合、目的和方式紧密相关。因此,当我们将歧义或反语的话语置于具体的语境中时,这些表达的真正含义往往能够被清

晰地理解。

例如,"你真傻!"这句话就是一个歧义句,其含义需要依赖语境来确定。一种可能的理解是字面上的批评,即表达者认为对方真的傻;而另一种理解则可能是反语,表达者实际上是在用一种娇嗔的方式表达亲昵或玩笑。因此,同一句话在不同的语境下,传达的意思可能截然不同。

**3. 选择最佳表达**

在口语交际过程中,说话者若能依据不同的语境来选择符合语境的语言特定含义的表达,那么其所表达的将会更恰当、得体。俗话说:"见什么人,说什么话;到什么山,唱什么歌。"因此,我们要锻炼针对不同语境选择恰当的词语和句式进行表达的能力。

### (二)适应语境的表达训练

说话时,语境的考量至关重要。口语交际的成效很大程度上依赖于所使用的语言与语境之间的协调性和一致性。唯有与语境相匹配的语言,方能被视为适宜。在特定的语境中表达得当、得体,不仅是口语交际中的关键原则,也是幼儿园教师口语训练的核心内容之一。

**1. 准确把握语境的各种因素**

适应语境的训练首先要求对语境的各个因素进行精确的观察和分析。在进行任何口语交流之前,必须对语境进行细致的考量,根据时间、地点、人物和事件的不同,调整和运用适当的口语表达方式。这样的审时度势是有效沟通的基础,也是提升口语交际能力的关键步骤。

**2. 巧妙地练习前言后语来表述**

在人际交往中,运用诸如"语脉接引法""顺承转接法"和"避实就虚法"等技巧,能够巧妙地应对对方的话语,实现与语境相适应的口语表达。这些技巧帮助我们在对话中灵活应对,既能够维持交流的连贯性,又能够根据实际情况调整自己的表达方式,从而更有效地与他人沟通。

**3. 设计有利于口语表达的情境**

在人际交往中,通过运用语言及其他技巧,我们可以巧妙地营造一种特定氛围或设计特定情境,以此来提升表达的效果。对于幼儿园教师而言,他们在工作、生活及学习中经常需要在不同场合与形形色色的人进行沟通交流。因此,幼儿园教师必须掌握适应语境的表达技巧,这样才能在口语交际中取得成功,有效地与他人沟通。

## 练一练

1. 分析案例中教师的语言,说说运用了什么思维方式,表现出什么样的思维品质。

一个幼儿告诉老师,他之所以喜欢哭泣,是因为他发现哭泣非常有效。通过哭泣,能够促使妈妈购买他心仪的玩具,甚至能从其他小朋友那里获得物品。老师听后,耐心地对他说:"虽然哭泣有时候确实能带来效果,但它也存在不少弊端。首先,大家可能会认为你通过哭泣取胜显得不够光彩,这会影响你的形象。其次,你的哭泣会让爸爸妈妈和老师感到难过,让关心你的人伤心,这样真的好吗?"孩子听完老师的话,陷入了沉思。老师紧接着补充道:"我们不妨尝试不再使用哭泣这种方式,好吗?其实有很多其他方法可以帮助你达成愿望。老师相信,你一定能找到比哭泣更有效的方法!"

2. 在口语交际中,你是否存在心理障碍?你是如何克服的?如果还没有克服,你将如何做?

## 阅读资料

**幼儿园教师与家长沟通的推荐用语**

☞ 面向全体家长

1. 您的孩子最近表现很好,如果在以下几个方面改进一下,孩子的进步会更大。

2. 您有什么事情需要老师做吗?

3. 您有特别需要我们帮助的事情吗?

4. 这孩子太可爱了,老师和小朋友都很喜欢他(她),继续加油!

5. 谢谢您的理解,这是我们应该做的。

6. 您的孩子最近经常迟到,我担心他(她)会错过许多好的活动,我们一起来帮他(她)好吗?

7. 您的孩子最近没有来园,老师和小朋友都很想他(她),真希望早点见到他(她)!

8. 请相信孩子的能力,他(她)会做好的。

9. 幼儿园的食谱是营养配餐,为了他的身体健康,我们一起来帮他(她)改掉挑食的习惯,让他(她)吃饱吃好。

10. 近期我们要举行某某活动,相信有您的参与支持,会使活动更精彩。

11. 幼儿园网站内容丰富多彩,欢迎您经常浏览,及时沟通。

12. 我们向您推荐的育儿知识读物,都是精心挑选的,您一定会有收获,孩子也会受益的。

☞ 面向个别家长

1. 请家长不要着急,孩子偶尔犯错是难免的,我们一起来慢慢引导他(她)。

2. 谢谢您的提醒!我查查看,了解清楚再给您答复,好吗?

3. 您有什么想法,我们可以坐下来谈谈,都是为了孩子好。

4. 孩子之间的问题可以让他们自己来解决,放心吧,他们会成为好朋友的。

5. 很抱歉,孩子受伤了,老师也很心疼,以后我会更关注他(她)。

6. 这件事是某某负责的,我可以帮您联系一下。

7. 我们非常欣赏您这样直言不讳的家长,您的建议我们会考虑的。

8. 您有这样的心情我很理解,等我们冷静下来再谈好吗?

# 第二节 幼儿园教师交际口语的分类训练

**案例导入**

晓东是一位新入园的小朋友。某日,他的手背不幸被其他小朋友的指甲划出了一道明显的痕迹。当天下午放学时,晓东的奶奶发现孙子手背上的伤痕,心疼之余,情绪激动地想要查明是哪位小朋友所为。

老师听到声音后迅速赶到,她温柔地握住晓东的小手,轻抚着那道伤痕,向奶奶解释道:"阿姨,实在是对不起,这是我们工作中的疏忽,才导致晓东受伤。我们已经对孩子的伤口进行了消毒处理。今后,我们定会更加小心,确保孩子们的安全。"

听到老师的诚恳解释,晓东的奶奶感到有些不好意思,她理解地说:"孩子们都还小,园里人多,你们照顾起来确实不容易啊。"

幼儿园教师在日常工作中不仅需要与幼儿进行互动,还需与家长、学校领导及同事等多方沟通。鉴于此,幼儿园教师应当精通在各种场合下,针对不同对象运用适宜的交际口语技巧。他们应力求在交流中正确运用语言,态度得体,同时确保言语充满感染力和说服力,以达成有效沟通的目标。

## 一、与家长沟通训练

在幼儿园教育领域,家长无疑是幼儿园教师最为关键的合作伙伴。幼儿园教师与家长之间的沟通交流,不仅是幼儿教育中不可或缺的一环,更是促进家园共育、提升教育效果的关键。通过有效沟通,教师不仅能让家长深入了解幼儿园的教育教学状况和孩子在园的表现,还能积极发掘并利用家长的教育资源,从而最大化家园共育的效果。因此,幼儿园教师必须精通与家长沟通的方法与技巧,确保幼儿教育工作的顺利进行。

## （一）来园和离园时的交际口语

### 1. 来园接待

幼儿园的晨间接待是一日活动的序章，标志着幼儿与教师新一天的第一次互动。这一环节的质量直接影响到幼儿在园的情绪和参与活动的积极性，同时也间接影响着家长的工作与生活。因此，一个温馨而适宜的晨间接待，不仅能够营造愉悦的氛围，促进幼儿身心的健康发展，还能实现家园之间的紧密联系，进一步提升幼儿园的保教质量和教育成效。在进行晨间的来园接待时，教师应该做到以下几点。

（1）热情、主动地与每一位幼儿及其家长打招呼

在迎接幼儿及其家长时，务必要准确无误地称呼每位幼儿及接送家长的名字，这是确保家长放心的关键步骤，也是为未来的沟通交流打下坚实基础。当需要与家长进行简短交流时，应努力回忆幼儿在园内的表现，并提供相应的提示与鼓励。此外，在与幼儿及其家长打招呼的过程中，教师还需仔细检查幼儿的精神状态和仪容仪表，观察是否存在任何异常行为。一旦发现异常，应立即与家长进行沟通。

（2）对于家长特殊嘱咐的事情做必要的记录

当幼儿入园时，若家长有特殊事项嘱咐，幼儿园教师务必详尽记录，以防遗忘，并及时与配班教师进行沟通。这样的做法有助于确保每位幼儿的特殊需求得到妥善处理，同时也是对家长信任的尊重和维护。通过细致的记录和有效的沟通，教师团队能够更好地协作，共同为幼儿提供一个安全、温馨的教育环境。

（3）引导幼儿与其家长再见

幼儿入园之际，教师不仅需细心记录家长的特殊嘱咐，还应温馨引导幼儿与家长告别，并适时提醒幼儿进行必要的换衣和洗手步骤。此举不仅有助于培养幼儿的独立性，也是维护园所卫生、预防疾病传播的重要环节。通过这样的细致关怀与指导，教师能够帮助幼儿顺利过渡到园所生活，同时确保他们的健康与安全。

(4) 做好同时接待多位家长的工作

当幼儿与家长踏入园区时,教师应当细心观察,确保在人潮中的每一位幼儿及其家长都能感受到温暖的关怀。面对可能同时到来的多位幼儿与家长,教师应以亲切的态度迎接每一位,确保无人感到被忽视。在此过程中,教师可以通过轻抚幼儿的头发或给予一个温馨的拥抱,传递出园所对每个孩子的重视和爱护,让幼儿在入园的第一刻便感受到家的温暖和安全感。

**2. 离园交流**

离园工作标志着幼儿园一日活动的圆满结束,同时也是幼儿园教师与家长深化交流、建立积极关系的宝贵时刻。在此期间,教师应当充分利用这一机会,向家长反馈早晨所交代事项的进展情况。

在家长到来之前,教师应首先关注幼儿的仪容仪表,指导并帮助他们整理衣物和玩具,确保他们的个人物品井然有序。同时,教师还需关注幼儿的情绪状态,通过温和的提醒和鼓励,帮助他们稳定情绪。

此外,教师应总结并分享当日的活动亮点,让幼儿回味一天中的快乐时光,并激发他们对次日活动的期待。在这一阶段,确保幼儿的安全是最为重要的任务。教师需时刻保持警觉,确保每一位幼儿在离开幼儿园时的安全,让家长放心,幼儿愉快。在幼儿离园时,教师应该做到以下几点。

(1) 招呼家长

教师应当主动迎接家长,并就幼儿当天的情况进行简明扼要的交流。在告别每位幼儿时,教师应温馨提醒他们携带好自己的个人物品,确保他们能够带着整齐的物品和愉快的心情离开幼儿园。这样的互动不仅能够加强家校之间的沟通,也是对幼儿日常行为习惯的一种积极引导。

(2) 注意对未接幼儿的监护

教师在处理与特定家长之间的沟通需求时,应当注意控制交流时间,或另行约定详细的交流时段,以确保不会因个别沟通而疏忽了对其他待接幼儿的监护责任。这样做不仅能够保证每位幼儿的安全与关注,也体现了教师对所有家长和幼儿负责任的态度。

### 3. 与家长交流的一般要求

幼儿园教师与家长交流时需要注意以下几点。

**（1）保持态度热情真诚，用语平实简朴**

幼儿园教师的日常工作既烦琐又细致，这要求他们必须以百倍的热情和真诚对待每一位幼儿及家长。这种热情和真诚的态度不仅能够赢得幼儿的喜爱，也能获得家长的信任。在与家长的沟通中，教师应使用平实而朴素的语言，简洁地描述幼儿在园的表现，并表达自己的观点。重要的是，应避免使用晦涩难懂的专业术语，以免增加沟通的障碍。同时，绝不应自诩为教育专家，采用命令式的语气与家长交流，这样可能会引起家长的反感。

**（2）针对幼儿存在的问题，具体问题具体分析，不可贴标签，注意用语委婉**

当教师与家长讨论具体问题或事件时，应诚实地叙述事件的经过，并指明其中的具体问题。随后，应与家长共同探讨，提出解决问题的建议。教师应避免仅因孩子一两次的错误行为，就给孩子贴上"爱打人""爱说谎"等负面标签。在沟通时，教师应避免使用此类定性评价，而是应考虑到家长的感受，采取委婉的表达方式，以便家长更容易接受，从而达到更有效的沟通效果。

**（3）关注平时交流较少的家长**

一些幼儿的家长可能因工作繁忙或性格因素，平时与教师的沟通较为有限。对于这类家长，教师应采取积极主动的态度，主动与他们进行交流。通过了解幼儿在家的日常生活和家庭教育状况，教师能更全面地理解幼儿的需求，从而采用更为适宜的教育策略，助力幼儿健康、快乐地成长。

### （二）面对家长误解时的交际口语

在家长与幼儿园之间，偶尔会出现隔阂与不协调的现象，这导致幼儿园教师在日常工作中时常遭受家长的误解。家长产生误解的原因多种多样，既可能源于教师自身工作中的疏忽，也可能是因为家长对教师缺乏信任，或是对教育方法的不认同。面对这些挑战，教师唯有主动与家长进行深入的沟通与交流，方能消除误解，确保幼儿园教育教学活动能够正常且顺利地进行。

**1. 由于幼儿园教师工作不当而引发的误解**

幼儿园教师的每日工作繁杂,难免会出现忙中出乱的情况。当幼儿园教师因为工作不当出现错误时,引发家长的不满与责难时,应当如何与家长进行沟通呢?

(1)保持冷静,真诚认错

当教师因个人工作失误导致家长产生误解时,首先应保持冷静,不慌不乱,并立即采取措施修正和处理失误。在家长来访时,教师应以坦诚的态度详细解释事件发生的经过,并真诚地向家长表达歉意,请求他们的理解和宽恕。

(2)保持平和心态,转换角色理解家长

当家长因深爱孩子而对教师产生误解时,他们的情绪可能会非常激动。面对这样的情况,教师需保持冷静与平和的心态,随后以情感和理性的方式向家长详细说明事情的经过,以此来缓和并解决矛盾。

**2. 家长对幼儿园教师教育方法不认可而引发的误解**

幼儿园教师与家长之间产生的误解,常常是因为两者之间教育观念、教育方式的差异所致。在这种情况下,幼儿园教师在与自己持有不同教育理念的家长沟通时,需要做到以下几点。

(1)幼儿园教师需要具备良好的教育学、心理学知识

幼儿园教师应当深入学习幼儿教育学与心理学,并将这些理论知识与实际工作紧密结合,用以分析和解决问题。在与幼儿家长沟通时,这种理论与实践相结合的方法能够使教师表达得更加有理有据,从而增强其观点的可信度和说服力。

(2)不可当面否认家长,可与家长协商来解决幼儿问题

在幼儿园教师与家长之间出现误解时,最应避免的是教师当面直接否定家长。这种做法不仅会使家长感到心理上的不适,还可能让家长觉得教师过于强势,进而降低对教师的信任度,为日后的沟通埋下障碍。因此,教师应当采取更

为温和和理解的态度,通过有效沟通来化解误会,增进双方的理解与信任。

### (三)各类家长活动时的交际口语

幼儿园定期举办多种形式的家长参与活动,包括家长会、亲子互动和家长沙龙等。这些活动的举办,不仅促进了教师与家长、家长与家长之间的沟通与相互理解,还极大地增强了家长的教育能力。通过家园共育的紧密合作,能够更有效地推动幼儿的全面、健康和快乐成长。为了确保这些活动的顺利进行,幼儿园教师需精通在各种家长活动中的口语交际技巧,以便更有效地与家长沟通。

**1. 家长会**

家长会是幼儿园的一项常规活动,其主要目的是向家长详细汇报幼儿园、班级以及幼儿在各个方面的发展情况,并就幼儿教育相关问题进行深入交流。在召开家长会时,教师应创造一个轻松的交流环境,使用温和的语言与家长沟通。同时,在与家长交流过程中,教师应坚持给予家长关于幼儿的正面反馈,并采用委婉的语调。这样的做法不仅能让家长更加深入地了解幼儿园及教师为幼儿成长所做出的努力,而且还能增强家长对幼儿园教育和教师的信任,从而促进形成家园共育的合力。

**2. 亲子活动**

亲子活动是幼儿园精心策划的一系列活动,旨在让幼儿与家长共同参与,促进多方互动。通过这些活动,不仅能加深幼儿园教师与家长、家长与幼儿之间的情感联系,还能有效利用家长的教育资源,弥补幼儿园教育资源的不足。在策划和执行亲子活动时,教师应向家长明确,双方在幼儿教育中是合作伙伴,共同承担培养幼儿的责任。在与家长交流时,教师需关注到每位家长,特别是对那些内向或腼腆的家长,应创造机会让他们参与到交流和发言中,确保每位家长都能感受到被重视和鼓励参与。

**3. 家长沙龙**

家长沙龙是一项由家长或教师发起的活动,旨在为家长们营造一个自由、开放的交流环境。活动通常围绕家长们普遍关心的话题展开深入讨论。这样的沙龙不仅为家长之间,以及家长与教师之间架起了一座沟通的桥梁,使家长们有机会分享彼此在教育孩子方面的经验和策略,同时也为家长们提供了向教师咨询家庭教育相关建议的平台。

在家长沙龙中,教师的角色类似于主持人,负责引导讨论并确保活动顺利进行。在组织此类活动时,教师需注意以下几个关键点。

①明确讨论话题:教师需事先确定讨论的主题,并在活动中适时提出,以引导家长们的思考和讨论方向。

②慎重发言,保留观点:教师在讨论中应保持中立,避免过早表达个人观点,以鼓励家长们自由发言。

③调和气氛,化解冷场:教师需灵活运用语言和技巧,调节讨论气氛,确保活动的活跃度和参与度。

④疏导矛盾,适时结束:在出现意见分歧时,教师应及时介入,缓和矛盾,并在适当的时候结束讨论,避免过度延长。

⑤为家长间创建沟通机会:教师应积极创造机会,让家长们有更多地互动和交流,促进彼此间的理解和合作。

## 二、与领导沟通训练

幼儿园教师在工作中常常需要与各级领导进行沟通、汇报。幼儿园教师所接触的领导性格和做事风格迥异,因此,面对不同领导时,幼儿园教师一定要具备良好的口语交际能力。

(一)首次与领导接触时的交际口语

从应聘到正式入职,幼儿园教师便开始了与各级领导的接触之旅。在这一过程中,良好的交流表现无疑会给领导留下深刻印象,对于新手教师未来工作的顺利开展大有裨益。以下是新手教师首次与领导沟通时应特别注意的几个要点。

①仪容仪表:保持整洁、专业的外观,展现良好的职业形象。这不仅是对自己的尊重,也是对领导的尊重。

②自我介绍:简洁明了地介绍自己,突出个人特点和专业背景,避免冗长和无关紧要的细节。

③机智应答:根据谈话内容灵活应答,展现自己的思考能力和对幼儿教育的热情。同时,注意倾听领导的意见和建议,适时表达自己的见解。

### (二)工作失误时与领导沟通的交际口语

在幼儿教育工作中,犯错是难以避免的现象,尤其是对于新手教师而言。面对工作中的失误或领导的批评,教师应当以恰当的口语客观地向领导汇报实际情况,诚恳地反省并表达改正错误的决心。以下是在汇报工作失误时,幼儿园教师应注意的几个要点。

①诚恳的态度:接受批评时,态度应当诚恳,避免表现出无所谓或不以为然的态度。

②平和的心态:面对批评,不应表现出不服气或抱怨的情绪,保持心态平和。

③尊重领导:在受到批评时,避免当面顶撞领导,保持尊重和礼貌。

④简洁回应:受到批评时,应避免过多解释或辩解,集中表达改进的意愿和计划。

### (三)向领导提建议时的交际口语

在幼儿教育领域中,教师与领导之间偶尔出现意见分歧是正常现象。为了确保工作的顺利进行,有效地与领导沟通并提供建议或意见显得尤为重要。幼儿园教师在向领导提出建议时,应当运用恰当的口语表达技巧,并注意以下几个关键点。

①立足集体利益:始终以团队的利益为出发点,真诚地提出建议,确保每一项建议都旨在增进整体福祉。

②深入分析问题:详细阐述问题的核心所在,确保领导能够清晰理解问题的本质和影响。

③简洁明了:提出的建议应简洁有力,直击要点,避免冗长和复杂的表述,使领导能够迅速把握建议的核心内容。

④适应性沟通:根据不同领导的性格和工作风格,选择合适的时机和方式进行沟通,以提高建议被接受的可能性。

## 三、与同事沟通训练

除幼儿之外,幼儿园教师在工作中接触最多的人就是同事。幼儿园教师间良好的工作关系、和谐的工作氛围、融洽的工作心境,有助于幼儿园教育教学工作顺利、高效地开展。因此,幼儿园教师要掌握与同事沟通的交际口语。

### (一)与同事意见相悖时的交际口语

在幼儿园的日常工作中,幼儿园教师之间的合作至关重要,尤其是在主配班教师共同管理一个班级时。在班级常规建设、教学计划的制定以及环境创设等方面,两位教师的合作尤为关键。当在协作和商讨出现意见分歧时,教师们在言语运用上应注意以下几点。

①语气委婉,语速缓慢:在表达不同意见时,应保持温和的语气和适当的语速,以减少可能的冲突,营造和谐的沟通氛围。

②对事不对人:在提出批评或不同看法时,应专注于问题本身,避免涉及个人,确保讨论的焦点是解决问题而非指责他人。

③建议具体明确:提出的建议应具体清晰,避免模糊不清,以便对方能够准确理解并采取相应的行动。

④虚心听取他人建议:在交流中,应保持开放的态度,认真倾听并考虑他人的意见,这不仅有助于建立良好的同事关系,也能促进共同进步。

### (二)因困难向同事求助时的交际口语

在幼儿园教师的日常工作与生活中,若需向同事求助,运用交际口语时应遵循以下原则。

①坦诚说明求助缘由:清晰而诚恳地表达求助的原因,通过展现真诚的情感,以增加获得帮助的可能性。

②语气谦恭,选择适宜时机:在请求帮助时,应保持谦逊的语气,并注意选择合适的时机,避免在对方忙碌或不便时提出请求。

③获得帮助后要道谢,未获得帮助要表示理解:无论是否获得帮助,都应表达感激之情。若未能得到帮助,也应表示理解,并感谢对方的考虑。

④当同事有困难时,应当施以援手:在同事面临困难时,应主动伸出援手,

体现团队合作精神,共同构建互助的工作环境。

## 练一练

1. 分析案例,说一说当你遇到下面情况的时候,你会如何处理呢?

婷婷老师是一位入职仅半年的新手教师,最近遭遇了一件令她深感委屈的事件。

在初冬的一个清晨,丁丁的奶奶在送孙子入园时,特意将一件背心交给婷婷老师,嘱咐她在早操结束后让丁丁穿上。然而,当天下午,丁丁奶奶来接孩子时,发现丁丁并未穿着那件背心。情绪激动且担忧的奶奶立即冲向婷婷老师,大声质问道:"我明明告诉你给丁丁加件衣服,你明明答应了,为何没有做到?连这点小事都做不好,你还有资格当老师吗?如果孩子因此受凉,你能负责吗?"面对奶奶的怒火,婷婷老师流着泪,委屈地解释:"我真的给他穿上了。"然而,奶奶并不愿意听婷婷老师的解释,只是一味地指责她的"不负责任"。

此时,主班教师注意到了这一幕,迅速介入调解。在主班教师的询问下,婷婷老师详细叙述了事情的经过。原来,她确实按照奶奶的嘱咐,在早操后为丁丁穿上了背心。但在下午的户外活动中,她注意到丁丁出汗较多,担心他会因此着凉,便在适当时机帮丁丁脱掉了背心。不久后,丁丁奶奶就来到了幼儿园。

这一事件虽然暂时平息,但它提醒了婷婷老师在今后的工作中,不仅要细心照顾孩子,还要加强与家长的沟通,确保双方的理解和信任。同时,也反映出在日常教育工作中,教师的每一个小决策都可能受到家长的高度关注和评价,因此,教师在处理每一件小事时都应格外细心和周到。

2. 结合与领导沟通的交际口语运用技巧,请分析下面几段对话是妥当,并说明理由。

(1)"这个工作不是我应该做的,我不做。"
(2)"我认为这次活动就应该这样设计,请您相信我吧!"
(3)"您做决定之前能不能多考虑一下教师的想法?"

3. 当同事有困难向某教师寻求帮助时,这位教师做出了如下回答,请判断下面回答是否妥当,并说明理由。

(1)"你没看到我正忙着吗?你就不能等会儿再说?"
(2)"真的不好意思,我也很想帮助你,可是这件事情我真的无能为力。"
(3)"帮你可以,你准备怎样答谢我呢?"

**与不同类型家长沟通的小技巧**

**1. 平和型的家长**

对这类家长,应尽可能将幼儿的表现如实向他们反映,主动请他们提出教育的措施,认真倾听他们的意见,充分肯定和采纳他们的合理化建议,并适时提出自己的看法,和家长一起,同心协力,共同做好对幼儿的教育工作,有些家长对孩子的家庭教育其实是很有想法的,可以提供交流平台,让家长相互激发对家庭教育这一话题的兴趣,相互学习各自不同的家庭教育方法。

**2. 溺爱型的家长**

与溺爱型家长交谈时,教师应先肯定幼儿的长处,对幼儿的良好表现予以真挚的赞赏和表扬,然后再适时指出幼儿的不足。要充分尊重家长的感情,肯定家长热爱孩子的正确性,使对方在心理上能接纳教师的意见。同时,也要用恳切的语言指出溺爱对孩子成长的危害,耐心热情地帮助和说服家长采取正确的方式来教育孩子,启发家长实事求是地反映孩子在家的情况,千万不要袒护孩子。

### 3. 气势汹汹型的家长

接待这样的家长时,教师可以以理服人,面带微笑,克制怒气,宽容大度。

教师与家长之间的沟通方式有很多,除了当面交谈,还有微信、QQ等方式。但是不管采用何种沟通方式,教师要在心理上树立自信、平等、尊重等正确的观念,这是促进有效沟通的必要条件之一,也是促进家园合作顺利进行的重要条件。教师与家长沟通是一门艺术,而保持良好的心理状态是艺术完美表现的技巧,教师只有不断地学习和积累、提高家园合作的有效性,才能进一步促进幼儿健康、和谐地发展。

# 下 编
## 幼儿园教师礼仪

# 第五章　幼儿园教师个人形象礼仪

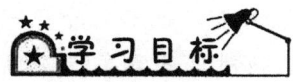

1.了解幼儿园教师个人形象礼仪的主要内容。

2.理解幼儿园教师个人形象礼仪的重要性。

3.根据幼儿园教师工作的性质,能够正确地修饰自己的仪容,选择适宜的着装,展现得体的站、坐、行、蹲等姿势。

幼儿园教师的职业特性决定了他们的形象不仅是一种教育资源,也是一种教育力量。在传统观念中,人们往往认为幼儿园教师应当以朴素的外貌和简朴的服饰来体现他们的亲和力。然而,随着时间的推移,那些不加修饰的教师形象已不再受到幼儿的青睐。形象,作为个人容貌、表情、衣着、仪态、态度和性格的综合体现,给人留下深刻的印象。

幼儿园教师肩负着幼儿启蒙教育的重任,他们的每一个动作、表情、衣着都具有强烈的示范性和榜样作用。因此,幼儿园教师的职业要求他们必须具备优雅的仪容仪表和仪态举止,这样才能更好地在教书育人的岗位上展现幼儿园教师的气质与风度。通过美的形象,幼儿园教师能够在教育过程中更有效地吸引幼儿的注意力,激发他们的学习兴趣,从而在幼儿的成长过程中发挥积极的影响。

# 第一节　幼儿园教师的仪容礼仪

**案例导入**

在小班中,有一个名叫妞妞的小女孩,她对美丽的事物有着特别的喜爱,尤其钟情于芭比公主。妞妞对美丽女生的观察细致入微,对老师也不例外。一天,她注意到老师做了精致的指甲,便多次向老师表达她对这些漂亮指甲的喜爱。

放学时分,妞妞的妈妈来接她回家。妞妞一见到妈妈,便迫不及待地要求去做漂亮的指甲。妈妈耐心地向妞妞解释,告诉她做指甲可能对小孩子的身体造成不良影响。然而,妞妞并不理睬妈妈的话,只想着漂亮的指甲。

案例中的教师因个人美甲行为,违背了幼儿园教师职业的仪容礼仪标准。此外,该行为吸引了幼儿妞妞的注意,并引发了效仿,对幼儿教育环境带来了不良影响。幼儿园教师的仪容礼仪不仅反映了个人素养,更深刻地影响着幼儿的成长与发展。因此,幼儿园教师在日常工作与生活中,应高度重视并培养良好的个人仪容礼仪。

仪容,即人的外在容貌,包括面容、发型以及身体未被衣物遮盖而暴露在外的肌肤。它是个人精神面貌的直观展现,与个体的道德修养、文化素养、审美趣味等紧密相连。幼儿园教师保持整洁、美观、得体的仪容,不仅能赢得幼儿的喜爱,还能获得家长的尊重与信任,从而在教育过程中发挥积极作用。

## 一、幼儿园教师的个人卫生

幼儿园教师的个人卫生状况是其精神面貌的直接体现,对在幼儿心中的形象具有决定性影响。个人卫生的基本要求包括"五勤":勤洗头、勤洗澡、勤漱口、勤剪指甲、勤换衣袜。幼儿园教师应养成良好的卫生习惯,例如定期洗澡、及时修剪指甲、更换衣袜等。同时,他们还需建立合理的生活习惯,如规划合理的作息时间,有效安排学习、工作和娱乐活动。这样的生活方式不仅能确保教师拥有充沛的精力投身于工作、生活和学习,还能通过身教,为幼儿树立正面的学习榜样。幼儿园教师还需要注意下述个人卫生问题。

1. 口腔卫生

幼儿园教师应维持良好的口腔卫生,坚持每日早晚刷牙,并在餐后进行漱口。此外,他们应确保工作时间内不饮酒,并避免食用如大葱、大蒜等可能产生刺激性气味的食物,以保持口气清新,确保与幼儿互动时的舒适和专业性。

2. 鼻腔卫生

幼儿园教师应当注重鼻腔卫生,定期清理鼻腔,并适时修剪鼻毛,以保持个人卫生和职业形象,确保在与幼儿交流时给予他们一个清洁、健康的示范。

3. 手指甲卫生

幼儿园教师应始终保持双手的清洁,并定期修剪指甲,确保其短而整洁。同时,应彻底清洗指甲,避免藏污纳垢。此外,幼儿园教师应当避免涂抹指甲油,以维护与幼儿互动时的卫生健康标准。

## 二、幼儿园教师的妆容

常言道:"爱美之心,人皆有之。"对美的追求是人类的本能,每个人都渴望拥有一张美丽的面孔和优雅的举止。人们普遍向往、追求并热爱美。对于幼儿园教师而言,美主要体现在自然、健康和心灵三个层面。尽管容貌在很大程度上受到遗传因素的影响,但后天的修饰与美化同样重要。随着时代的发展,幼儿园教师在维护健康、积极的形象的同时,也应注重适当的修饰美。

化妆作为一门生活艺术,适当的妆容不仅能突出容貌的亮点,巧妙地扬长避短,还能展现女性的端庄与秀丽,达到近乎神奇的效果,从而赢得他人的喜爱与尊重。

(一)幼儿园教师化妆的原则

①妆容自然:化妆应以自然、淡雅为主,避免过于浓重,以展现清新自然的

形象。

②化妆得法：化妆应遵循一定的步骤和技巧，确保妆容均匀、精致。

③风格统一：整个妆容应保持协调一致，与所穿服装的风格、所处场合以及个人身份相匹配，以凸显个人的品位和气质。

④注重礼节：在正式场合，女士化妆不仅是对自身形象的维护，更是对他人的尊重和礼节的体现。

(二)幼儿园教师化妆的步骤

1. 洁面

清洁的面部是漂亮妆容的基础，也是每一位幼儿园教师必须了解的知识。下面是八步洁面法的介绍，让你洗出"美肌"。

①首先要将双手清洗干净；

②用温水湿润面部；

③将洗面奶揉搓起泡；

④用手指在脸上轻轻打圈按摩，重点区域：T字部位、眼部四周、鼻翼两侧、人中四周、下巴；

⑤用清水洗净洗面奶的泡沫；

⑥检查是否有泡沫残留的地方没有冲洗干净；

⑦用冷水撩泼面部，收缩毛孔，促进面部血液循环；

⑧用干净的毛巾轻轻地吸干脸部水分。

2. 护肤

日常护肤是幼儿园教师皮肤护理的重要部分，护肤的步骤包括：

(1)卸妆、洗脸

首先用沾有卸妆液的化妆棉擦拭面部，清除所有面部的彩妆，如：口红、睫毛膏、粉底液等等。接下来是洁面，按照上面的八个步骤，认真清洗脸部皮肤。

(2)补水

用蘸有化妆水的化妆棉从容易干燥的两颊开始涂抹，再从额头向下巴轻轻擦拭,绝对不要吝啬使用化妆水。化妆棉要选择触感柔和、不刺激皮肤的棉质化妆棉。

(3)保湿

在给肌肤补充充足的水分之外,还要锁住水分不让他们蒸发流失掉。使用肌肤容易吸收的美容液,让皮肤恢复弹性和滑顺。

(4)让肌肤焕发活力

使用精华液来修复肌肤。精华液的特征就是分子较细小、精华浓度高,可以快速进入肌肤底层,可针对保湿、紧实、美白、祛斑、收缩毛孔等不同功能来挑选精华液。

(5)滋润

涂抹乳液,使肌肤保持滋润。涂乳液一定要轻柔,由内往外、由下而上,涂抹完乳液后用手确认,如果感觉到黏糊,可以轻轻地用面纸吸取多余的油分。

(6)美白与防晒

一年四季都要涂抹防晒霜,以免紫外线晒伤皮肤。

(7)隔离

在上妆前打上一层有防晒效果的隔离霜,既可以隔离彩妆刺激,又可以防御外部侵害,是化户外妆必不可少的步骤。

幼儿园教师的晨间护肤可以按照上述的步骤进行,在夜间护肤时需要省略第六、第七步,也可换成面膜。

3.化妆

幼儿园教师化妆的重点在于护肤、修眉、画眼线、修饰唇型等。幼儿园教师化淡妆的基本步骤是:

①洁面;

②护肤;

③擦涂粉底;

④用粉饼或散粉定妆；
⑤修整眉毛；
⑥勾画眼线；
⑦涂眼影；
⑧涂腮红。

化妆基本程序结束后，教师要全面查看，以免有疏忽之处。在步入幼儿园之前，教师务必再次认真确认自己的妆容，避免出现花妆的现象。

（三）幼儿园教师妆容的打造

①避免浓妆艳抹：在教学环境中，应避免使用过于浓重的妆容，以保持自然清新的形象。

②不使用假睫毛和过度卷曲睫毛：不应粘贴假睫毛，也不应使用夹子将睫毛卷曲得过于夸张，以维持自然的面部特征。

③避免使用闪亮眼影：在选择眼影时，应避免使用过于闪亮的色彩，以免分散幼儿的注意力。

④不留长指甲且不涂抹彩色指甲油：教师应保持指甲的整洁，避免留长指甲或涂抹彩色指甲油，以确保卫生安全并保持专业形象。

⑤避免过于浓重的眉毛：在化妆时，不宜将眉毛画得过于浓重，以维持自然的眉形。

⑥尽量避免在园所内使用香水：为了避免可能的过敏反应或不适，应尽量不在幼儿园内使用香水。

⑦不在幼儿面前补妆：在教学过程中，应避免在幼儿面前进行补妆，以维护教学的专业性和尊重幼儿的感受。

要特别强调的是：在校学生，除非是遇到重大庆典或演出等特殊场合，一般情况下是不应化妆的。大学生正处于"清水出芙蓉，天然去雕饰"的黄金年华，学生们本就拥有朝气蓬勃、肌肤细腻、面颊红润的自然美。我们在这里介绍美容化妆的知识，并非鼓励日常化妆，而是考虑到在未来的职业生涯及日常生活中，化妆有时确实是一项必要的社交礼仪和自我表达方式。因此，了解基础的化妆知识，对学生们未来的发展将是一份有益的准备。

## 三、幼儿园教师的发式

幼儿园教师的发式应以整洁大方为基本要求。一个整洁大方的发型能够给人留下神清气爽的印象,相反,散乱的发型则可能让人感觉萎靡不振。因此,在设计发型时,幼儿园教师应根据自身的性别、年龄、脸型、体型以及气质等特点,选择最合适的发式,以展现专业与活力并重的形象。一般来说,幼儿园教师的发式礼仪应该注意以下几个方面:

①重视头发的清洁与保养,确保发质健康、光泽。

②在发式设计方面,应以大方、美观为原则,追求简洁而不失时尚感。

③避免染发及选择奇特发型,保持发型的专业与稳重。

④选择发型时,应考虑与职业形象、体型及服装的协调性,以展现最佳的个人风格与职业素养。

女幼儿园教师前发应保持整洁,不得遮挡眼睛,确保教师在教学过程中视线清晰,能够及时观察和响应幼儿的需求和行为;后发应避免披肩,工作期间应将长发扎起或盘成简洁的发髻,这不仅可以防止头发在活动中散落,造成不必要的麻烦,还能确保幼儿的安全,避免长发被幼儿拉扯;发饰的使用应保持适度,避免过多的装饰分散幼儿的注意力,影响教学效果;推荐的发型包括马尾辫、丸子头、麻花辫等,这些发型不仅简洁大方,而且便于管理,适合幼儿园的教学环境。

男幼儿园教师前发应保持清爽,不得遮盖额头,侧发不应遮挡耳朵,以确保面部表情和交流的清晰度,有利于与幼儿的有效沟通;后发长度应控制在衣领之上,保持整体形象的整洁和专业性,给幼儿留下良好的印象;应避免留有明显的大鬓角,面部保持清洁,不宜留有胡须,这有助于维护教师的专业形象,让幼儿感受到教师的严谨和亲切。

1.仔细阅读,分析案例中的教师犯了什么错误？如果是你,此时你会怎么做？

炎热的夏日里,张老师精心化好工作妆后,便匆匆忙忙地赶往幼儿园,准备迎接晨间入园的幼儿们。由于天气异常炎热,加上心急如焚地赶路,当张老师抵达幼儿园时,已是汗流浃背。原本精致的妆容因汗水而变得模糊不清。尽管如此,张老师没有时间重新化妆,便立即投入迎接已经陆续入园的幼儿们的工作中。

2.查阅相关资料,学习一下最新适合幼儿园教师的化妆技术。

## 阅读资料

### 幼儿教师仪容修饰的原则

仪容修饰是幼儿教师"展现自我"的重要环节,它不仅能够反映幼儿教师的工作态度、能力,而且是幼儿教师个人素质的综合表现,同时,亦是其所在幼教机构实力和管理完善的重要反映。具备良好的职业形象,是一名优秀的幼儿教师必备的专业素养。庄重、得体的仪容修饰是体现幼儿教师良好职业形象的重要内容。

幼儿教师仪容修饰的原则主要包括美化、自然、协调、礼貌、健康五项基本内容。它既是指导幼儿教师如何在教育实践中正确修饰仪容的关键,也是衡量幼儿教师是否具备良好的文化素养和审美意识等综合素养的标尺。因此,每一位幼儿教师都应该遵循这些基本原则,不断完善自己的仪容,已达到礼敬于人的目的。

#### 1. 美化原则

美化原则就是要求幼儿教师在了解自己容貌的基本特征和规律的情况下,通过修饰、化妆、保养等手段对容貌进行适度的修饰、矫正,达到美观的效果。

切忌过分修饰和前卫装扮。美化要符合大众审美标准。

**2. 自然原则**

自然原则要求仪容装饰不仅要美丽、生动、有神采,更要真实、和谐、不矫揉造作。自然,才是仪容修饰最高境界的美。妆成有却无,没有明显的痕迹,会给人一种浑然天成的感觉。

**3. 协调原则**

协调原则强调整体美,要求包括头部、颈部、肢体等一系列修饰细节的综合协调搭配。协调原则不仅要求仪容的修饰达到整体协调,还要求身份协调、场合协调、色彩协调等,从而达到良好的个人形象整体效果。

**4. 礼貌原则**

幼儿教师在进行仪容修饰、个人整理时,应注意场合,切勿当众化妆。修饰用品专人专用,讲究卫生。对于家长或其他人的个人修饰,不当场议论。若发现他人有明显的修饰瑕疵,如脸上有口红印、拉链未拉好等,可善意地私下提醒。

**5. 健康原则**

健康原则强调在完善自身仪容时注重健康、内外兼修。具体要求是:平衡饮食,睡眠充足,养成良好的生活习惯,保持平和的心态。

——引自向多佳:《幼儿教师必知礼仪规范与易错细节》,中国轻工业出版社2022年版,第24—25页,有删改。

## 第二节　幼儿园教师的仪表礼仪

**案例导入**

一天,新入职的小美老师穿着一条颇具特色的"乞丐裤"来到了幼儿园。这条裤子上布满了设计感十足的破洞,立刻吸引了小朋友们的注意。他们对此表现出浓厚的兴趣。东东好奇地问小美老师:"老师,你的裤子上有这么多洞,为什么你还要穿它呢?"

在案例中,小美老师穿着一条时尚的"乞丐裤"来到幼儿园,这种着装风格与幼儿园教师这一职业的形象要求不相符。幼儿园教师的角色远不止一个职业身份,他们更是幼儿模仿和学习的重要榜样。

幼儿园教师的仪表,主要体现在其服饰与着装上。服饰与着装不仅包括服装本身,还包括佩戴的饰品。幼儿园教师的着装就像一本无声的教科书,无声地影响着幼儿的注意力、审美观等多方面的发展。因此,每位幼儿园教师都应当了解并遵守基本的仪表礼仪规范。《幼儿园教师专业标准》中明确提到,幼儿园教师的衣着应保持整洁得体。这不仅是对教师个人形象的要求,更是对幼儿教育环境的一种维护。那么,幼儿园教师何种着装才是得体的呢?

## 一、幼儿园教师着装的原则

### (一)"TPO"原则

"TPO"原则,即时间(Time)、地点(Place)、目的(Object)原则,是当前国际社会广泛认可的服饰选择准则。这一原则强调,在选择服装及其具体款式时,个体应首先考虑时间、地点和目的这三个关键因素,并力求使自己的着装与这些因素保持协调一致,达到和谐匹配的效果。

时间泛指时代、季节、早晚等因素,地点涉及场所、地方、位置等,而目的则

关联到目标、对象。遵循 TPO 原则,不仅体现了个人的着装智慧,也是对社交礼仪的一种尊重和维护。通过这种细致的考量和选择,可以使着装更加得体,从而在不同场合中展现出恰当的个人形象。

### 1. 服饰与时间相协调

时间这一概念不仅涵盖了人生的各个阶段和不同的历史时代,还包含了四季的轮回以及一天中早晨、中午和晚上的变化。遵循时间原则,在选择服装款式时,我们应当关注以下几点:首先,服装款式应与时俱进,紧跟时代的潮流和节奏;其次,要根据季节的不同特点调整服装款式;最后,还需考虑一天中不同时间段对服装款式的需求,以确保着装既符合时尚趋势,又能适应自然环境的变换。这样的着装选择,不仅能够展现个人风格,还能体现出对时代脉搏的敏锐感知。

### 2. 服饰与地点相匹配

地点这一概念涵盖了地方、场所及位置等多个维度。在选择服饰时,我们应当遵循因地制宜的原则。当人身处不同的环境时,应当穿戴与之相适应的服饰,确保所选服饰与周围环境相和谐。这种服饰的选择不仅体现了对环境的尊重,也展现了个人的品位和对细节的关注。通过这样的着装策略,我们能够更好地融入所处的环境,展现适宜的形象。

### 3. 服饰与目的相一致

人们的着装不仅仅是一种日常行为,它更是一种无声的语言,传递着个人的意愿和期望。我们通过服饰向外界展示自己的形象,同时也反映了我们希望给他人留下的印象。因此,服饰的选择应当与个人所扮演的社会角色保持一致。

以幼儿园教师为例,他们的服饰选择必须与时间、地点和目的相协调。一件原本设计精美的服饰,如果在不合适的时间、地点或场合穿戴,不仅无法展现出其原有的美感,反而可能产生反效果,引起他人的反感。因此,无论是幼儿园教师还是其他社会角色,都应当根据具体情况,精心选择与场合相匹配的服饰,以确保既能展现个人风格,又能符合社会期望。

### (二)协调性原则

幼儿园教师的着装不仅应当符合自己的审美,还应当为他人在视觉上营造出一种和谐的美感。为了达到这样的效果,幼儿园教师在选择服饰时必须遵循协调性原则。这一原则要求所选服饰必须与个人的性别、年龄、身材、个性气质以及容貌肤色等相协调,确保服饰与个人特征相适宜,从而展现出最佳的视觉效果。通过这样的精心搭配,幼儿园教师不仅能够在工作中树立良好的形象,还能在潜移默化中影响和教育孩子们。

**1. 服饰与性别相适宜**

幼儿园教师在选择着装时,应特别注意与性别的协调性。男性教师应穿着体现刚毅与力量的男装,而女性教师则应选择展现温柔与端庄的女装。这样的着装选择不仅符合性别特征,还能在无形中向幼儿传递性别角色的正面形象,有助于孩子们形成对性别特征的正确认知。同时,适宜的着装也能增强教师的职业形象,营造出一种专业而和谐的教学氛围。

**2. 服饰与年龄相适宜**

每个人都享有打扮自己的权利。然而,在选择着装时,应考虑不同年龄段的适宜风格。年轻人的服饰宜选择鲜艳、活泼的设计,这种风格能够充分展现青年人的朝气与青春活力。相比之下,中老年人的衣着则应追求庄重、雅致和整洁,这样的打扮不仅体现了成熟稳重的气质,也透露出一种成熟之美。总之,着装应与个人的年龄和审美相匹配,以展现最适宜的形象。

**3. 服饰与容貌肤色相适宜**

国人的肤色主要包括白净、浅黄、浅褐和红润等类型。这些不同的肤色对服饰色彩有着各自的要求。肤色较为白净的人,适合穿戴各种颜色的服装;而肤色偏深褐或发红的人,则应避免深色调的服饰。至于肤色偏黄的人,则更适合选择浅色调的服装,以衬托肤色,显得更加和谐自然。因此,选择服装时,考虑与肤色的搭配是非常重要的。

#### 4.服饰与体型相适宜

男性的理想体型表现为肌肉发达,形成"T"字形,展现力量与健康的和谐统一。女性的理想体型表现为肌肉平滑,呈现出"X"字形,体现了健康与美的结合。除了少数人拥有完美的体型外,大多数人在体型上都有不同程度的不完美之处。关键在于,如果我们能清楚地认识到自己的体型缺陷,并根据这些特点来选择和设计服装,就能更好地展现服饰与个人体型的和谐搭配。这样的搭配不仅能够弥补体型上的不足,还能增强整体的美感,使得个人形象更加出众。

### (三)整体性原则

在选择和搭配服装时,我们应当深入理解服饰的文化内涵,以及其内在的逻辑和风俗习惯。同时,需要考虑到东西方文化与审美之间的差异。着装时,应注重服饰的系统性和整体性,精心进行搭配。

具体来说,每一部分的服饰都应"自成一体",同时也要与其他部分相互呼应和配合,以确保整体效果尽可能地完美和谐。此外,我们还应遵守服装搭配中约定俗成的规则,以确保着装不仅符合个人品位,也符合社会文化的期待。通过这样的整体考虑和精心搭配,可以使个人形象更加得体和优雅。

### (四)整洁性原则

整洁性原则具体体现在以下几个方面:首先,服饰必须保持整洁卫生,需经常清洗并及时更换,杜绝出现明显的汗味和体臭现象。其次,服饰表面不得有任何污渍,线头不得绽开,破洞亦不允许存在。同时,衣服的扣子等配件应当完整无缺。尤其要强调的是,衣领和袖口等细节部位更需特别注意保持整洁,以展现良好的个人形象。

## 二、幼儿园教师的着装

### (一)女幼儿园教师的着装

女性教师的着装相比男性更具个性特色,然而作为幼儿园教师,应始终铭记自身作为孩子们榜样的责任和引导作用。在园内,应避免穿着过于性感、艳丽或奢华的服饰。服装的选择不必追求高价位，但需注重协调与合理搭配，无论是颜色系列、饰物还是手包等细节，都应体现出高雅、大方与端庄的气质。女幼儿园教师的服装大致可分为职业装与社交装两大类，每一类都应符合其特定的职业与社交场合要求。

### 1. 职业装

职业装，作为职业身份的一种外在体现，是表达个人所从事职业的服装。对于幼儿园教师而言，选择醒目的职业装不仅是对孩子们的一种尊重，也便于幼儿快速识别和记忆。在女性职业装的范畴内，主要包括三种基本款式：西服套裙、连衣裙以及两件套裙。这些装束不仅展现了专业形象，同时也符合职业场合的着装要求。

女性职业套装，尤其是搭配西装裙的西装，能够完美展现女性的高雅气质与独特魅力。西装上衣的设计应当恰到好处，既不过长也不过短，以便充分展现女性腰部和臀部的优美曲线。若选择搭配裤子，上衣则可以稍微加长，以保持整体的和谐与平衡。无论是选择裙子还是裤子，通常都建议使用同一种面料制作整套服装，这样可以增强整体的一致性，使穿着者在职场中更显专业与自信。

西装的"V"字形领口设计应保持适中的高度，确保胸围和腰身部分不会感到紧绷。前襟应平整，后身则不应有翘起的倾向，确保前后身处于同一水平线上。女性西装款式繁多，选择时需考虑个人的年龄、体型、肤色、气质以及职业等因素。此外，配饰如皮鞋、袜子、皮包、饰物，以及发型和化妆都应与西装风格协调一致。在挑选西装时，建议选择基本色调，如黑、褐、灰或带有条纹、碎点图案的面料，避免过于流行的色彩。同时，面料的质量也至关重要，应选择质地优良的材料，以确保西装的整体品质和穿着舒适度。

### 2. 社交装

女幼儿园教师的社交装主要分为礼服与便装。在挑选社交装时，教师应根据即将参加的场合以及个人年龄、体型、肤色等特征来选择合适的服装。裙装是展现女性体态美的最佳选择。在普通社交场合，女性可穿着连衣裙或中式上衣搭配长裙。夏季，则可选择长袖或短袖衬衫搭配长裙或及膝裙。在宴请等正式社交场合，建议穿着长裙，裙摆至少要超过膝盖，避免穿着牛仔裤和超短裙，以符合正式场合的着装要求。

### 3. 鞋袜

鞋与袜通常被喻为"脚部时装"与"腿部时装",这表明它们在着装中的重要性不容忽视。在社交场合,女性常选择穿着一双黑色半高跟皮鞋,这种鞋款的鞋跟不宜过高或过细,以确保行走时的稳定性。当穿着西装时,应避免搭配旅游鞋、布鞋或凉鞋,以保持整体着装的正式与协调。

在炎炎夏日,女性常常会选择穿着长度仅及脚踝的肉色短袜,这种短袜并不适合在正式的社交场合中穿戴。当穿着西服裙装时,应搭配连裤长袜或长筒袜,亦可选择不穿袜子。女性在穿裙装时,通常会配以肉色或黑色的袜子。拥有修长双腿的女性可选择穿着透明的袜子,而腿部较细的女性则适宜穿着浅色袜子以增加丰满感,对于腿部较为粗壮的女性,深色袜子则能起到修饰作用。

当袜子出现挑丝、破洞或经过自行修补后,都不适宜穿出去。建议在办公室或工作场所放置一双备用袜子,以防不时之需。在正式场合穿着裙装时,若袜子有瑕疵,会被视为不礼貌的行为。

特别提示:袜口不应暴露在裙摆或裤脚之外;在公共场合整理袜子也是不恰当的举动。

### 4. 帽子

帽子作为服饰搭配中不可或缺的元素,对于彰显戴帽者的身份、地位及个人修养具有重要作用。女士在选择帽子时,应考虑其与场合的匹配度,如参加宴会、婚礼或游园等社交活动,一顶合适的帽子能够增添主人的风采。选择帽子时,应结合活动的正式程度、自身的脸型和身高等因素进行考量。

在这里要注意,女性的纱质手套、面罩、帽子、披肩及短外套等,在室内作为礼服的一部分穿戴是被允许的。这些配件不仅能够提升整体造型的完整性,还能体现出穿着者的品位与礼仪。

### 5. 女幼儿园教师穿着时的注意事项

① 服饰的选择应恰到好处,既不宜过大也不宜过小。在幼儿面前,应避免穿着低腰裤和露脐装,上衣的长度至少应达到腰部,而西装裙的长度则应延伸至小腿中部。服装应合体典雅,以体现服饰的美感。

② 衣扣的使用不容忽视。穿着上衣时,应确保扣子系好,避免敞胸露怀,以维护得体的形象。

③ 穿着衬裙是必不可少的。衬裙能够防止内裤显露,同时避免裙子因静电而紧贴腿部,保持裙子的美观。

④ 内衣不应外露。穿着吊带衫时,文胸的吊带应妥善隐藏。搭配西装时,衬衫不宜透明,内衣领口不可露出,以保持着装的整洁与专业。

⑤ 避免随意搭配。套装不应与休闲装、牛仔服、健美裤或裙裤混搭,以保持着装的统一性与专业感。

⑥ 鞋袜的选择应与套装相匹配。套装应搭配半高跟鞋与肉色丝袜,避免穿着花网袜,且袜口不应外露,同时避免穿着一长一短两层袜子。

⑦ 正式场合下,应避免穿着拖鞋或光脚穿皮鞋,以展现对场合的尊重与自身的专业形象。

### (二) 男幼儿园教师的着装

男幼儿园教师的着装也可分为社交装与职业装两大类。职业装,即工作服装,需符合职业特性及工作环境的要求,既要实用、便于活动,又要能展现出整齐划一、美观整洁的形象,从而增强职业自豪感。而社交装则细分为正装与便装。正装主要包括西装与中山装,适合正式场合;便装则更为多样,适合日常休闲或非正式场合。

**1. 西装的穿着**

(1) 西装穿着的基本要求

西装,一种正式制式服装,如今在各种社交场合中,穿着西装的男性日益增多,其穿着规范也颇为讲究。

西装的袖长宜至手腕,衬衫袖口应比西装袖口多出约1.5厘米,衬衫领口则应高出西装领口1.5厘米左右,以营造出匀称的美感。在正式场合,西装扣子的系法亦有其讲究:单扣西装应扣上扣子;双扣西装则只需扣上上面一颗;三扣西装建议扣中间一颗;而双排扣西装则通常需要全部扣上。

西装的衣袋整理同样重要。上衣两侧的口袋不宜装物,仅作装饰之用;胸部口袋可装折叠整齐的花式手帕,而小物品则宜置于内侧口袋。裤袋亦遵循相似原则,裤后口袋可装手帕或零钱,但需保持整洁。手帕应平整叠放,通常备有两块,颜色以素雅为宜。

西裤的长度应以裤脚触及脚背为准,裤扣需扣好,拉链应拉至顶端。西装坎肩应紧贴身形,配套大衣不宜过长。

西装翻领的"V"字区尤为显眼,领带位于此区域的中心,被誉为西装的灵魂。搭配西装的皮鞋应选择深色无花纹的款式,正式场合宜穿系带黑皮鞋,并保持其光亮。袜子应选择深色,以彰显庄重。服饰的整体要整洁,体现着装者的精神风貌,白衬衫、典雅领带、笔直西裤及打油上光的皮鞋,共同构成了西装搭配的完美画面。

(2) 西装穿着的细节

西装的搭配蕴含着深奥的学问。整体协调性是西装穿着的核心,它要求穿着者的身份、年龄、性格与场合、季节之间达到和谐统一。此外,西装、衬衫、领带、鞋子、袜子以及穿着方式之间的协调也同样至关重要。在穿着西装时,那些细微之处往往成为评判个人品位与修养的重要标志。因此,注重西装搭配中的每一个细节,不仅能展现出穿着者的精致生活态度,还能在社交场合中让他人留下深刻印象。

①在正式场合,建议穿着深色套装,以此体现庄重与自尊的态度;而在非正式环境中,则应追求整体的和谐,以此展现个人的风度。

②新购的西服在穿着前,务必去除袖口上的商标,并确保衬衫内不露出任何其他衣物的领子。

③精心挑选并佩戴领带,这不仅是个人品位的表现,更是个性与人格的展示。

④在正式场合,衬衫应选择素净文雅的款式,保持整洁无皱,以此彰显内在的修养与美感。

⑤西装款式的选择应与个人的脸型、体型、年龄和性格相匹配,以此强调个人的身份特质。

⑥穿着西装时,通常不建议在内搭配毛衣,以保持外观的整洁与专业感。

（3）领带

领带作为西装的配套饰品，在正式场合中佩戴，不仅体现礼貌与庄重，更是西装"V"字形开领处的精髓所在。佩戴领带时，应注意以下几个方面：

①穿着西装时，若选择打领带，应确保衬衫的领扣系好；若不佩戴领带，则应打开领扣。同时，应根据衬衫领型选择合适的领带结法，以达到舒适与协调的效果。

②领带的选择应与西装及衬衫的条纹、质地和颜色相协调。领带常用材质为丝绸，常见的图案包括水珠、月牙、方格等。在正式场合中，必须佩戴领带，其颜色选择需得体。例如，在宴会等喜庆场合，领带可选择鲜艳明快的颜色；参加吊唁活动时，则应佩戴黑色或素色领带；在正式的社交活动中，宜选择醒目且花纹突出的领带；而职业场合的领带通常为素色或深色，多数无花纹。

③系领带时，需注意衬衫领围的合适度。若西装内搭配有坎肩或鸡心领毛背心，领带应置于这些衣物内，并确保领带下角不从这些衣物下端露出。领带下端应与腰带齐平，保持整洁。

④使用领带夹时，应确保领带与衬衫一起夹紧，领带夹的位置应适中，通常位于衬衫的第三与第四粒纽扣之间。

## 2. 中山装的穿着

中山装，作为一种具有深厚文化底蕴的正装，不仅适用于正式场合，亦可作为日常服装穿着，体现穿着者的品位。穿着时上下服装颜色和材质必须一致，并配以黑色皮鞋，以展现其庄重与正式。

在穿着中山装时，有几个关键细节需要注意：首先，领扣、领钩和裤扣都应扣好，确保整体服装的整洁与严谨；其次，如果搭配的是长袖衬衫，应将其前后摆收入裤内，避免衣摆外露，影响服装线条的美感；再次，衬衫的袖口不应卷起，以保持服装的正式感；最后，衣袋内不宜放置过多物品，以免造成服装的变形或不平整，影响整体的穿着效果。

符合这些细致的穿着要求，不仅能够彰显中山装穿着者的身份与地位，还能体现出其对传统文化的尊重与传承。

### 3.便装的穿着

便装,作为日常穿着的服饰,其应用范围极为广泛。依据不同的使用场合和环境,便装有着多种分类。相较于正装,便装更为随意自在,适合各种非正式场合,如逛街购物、观看电影、会友等。便装深受时尚潮流的影响,是时装领域中的一个重要组成部分。个人可以根据自己的喜好和身体条件,选择各式各样的便装,但在穿着时必须考虑到其是否适合环境与氛围。

旅游鞋和运动服的设计重点在于舒适、实用和便于活动。家庭装则应体现随意、舒适和轻松活泼的特点。晨衣、睡衣等早晚穿着的服饰,虽然舒适,但不宜用于会客。

总的来说,幼儿园教师在选择服饰时,应优先考虑暖色调的服装,因为这些颜色活泼明快,有助于激发幼儿的智力发展。服装的样式应方便舒适,便于教师与幼儿共同参与教育活动,同时也能更好地照顾幼儿的生活。此外,幼儿园教师的服装还应注重整体效果,突出行业特色,这不仅有助于提升教师的专业形象,也能增强其社会威望。

## 三、幼儿园教师着装的禁忌

①忌脏:服饰不能脏,不能有污垢。

②忌破:服饰不能有破损,如有破洞要及时修补上。

③忌乱:服饰穿着要讲规则,不能混乱。

④忌露:着装不能袒胸露背。

⑤忌透:服饰不能过薄,不能透出内衣裤。

⑥忌紧:服饰不能过紧,不便于日常服务幼儿。

⑦忌异:服饰不能是奇装异服。

练一练

1. 阅读案例,仔细分析,说一说小敏老师存在的问题,并提出修改意见。

小敏老师,一位热爱时尚的年轻女性,平日里很喜欢穿着高跟鞋与性感裙装。某日,在做早操时,由于动作的幅度较大,不慎使得衣着显得略微暴露。这时,围栏外的家长们正关注着孩子们的操练,目睹此景后,家长们开始窃窃私语。孩子们天真无邪,纷纷笑着向老师提醒:"老师,你的衣服好像要掉下来了。"

2. 观看幼儿园公开课教学视频,学习有经验的幼儿园教师是如何遵守教师的仪表礼仪的。

3. 讨论当代幼儿园教师的仪表应该是什么样的,并请有经验的教师给予示范。

★★ 阅读资料

### 服饰色彩的象征

黑色,象征神秘、庄重、静寂,或者刚强、坚定、冷酷。

白色,象征纯洁、明亮、朴素、神圣、高雅。

黄色,象征炽热、光明、庄严、明丽、希望、高贵、权威。

大红,象征活力、热烈、热情、奔放、喜庆、福禄、爱情。

粉红,象征柔和、温馨、温情。

紫色,象征高贵、华贵、庄重、优越。

橙色,象征快乐、热情、活泼。

褐色,象征谦和、平静、沉稳、亲切。

绿色,象征生命、新鲜、青春、自然、朝气。

浅蓝,象征纯洁、清爽、文静。

深蓝,象征自信、平稳、深邃。

灰色是中间色,象征重力、和气、文雅。

根据以上色彩的象征内容,适合教师的服装色彩有白、灰、黑、棕、褐、蓝等色系。棕、褐色有暖色成分,给人以亲和感。棕、褐、蓝等色系的浅色较明快、活泼一些,给人以朝气蓬勃的感觉。

## 第三节　幼儿园教师的仪态礼仪

幼儿园户外间操时间,玲玲老师对幼儿们要求道:"小朋友们,大家要站直,要挺直背……"话还没说完,淘淘却对老师说:"玲玲老师,您的背是弯的。"

案例中,在做操时玲玲老师要求小朋友们挺直腰板,可是玲玲老师自己的背却是弓着的。幼儿园教师不仅是知识的传递者,更是孩子们学习和模仿的楷模。在案例中,玲玲老师未能注意自己的仪态,这使得她在教学时的言辞缺乏说服力。

仪态,即个人在行为中所展现的姿态与风度,涵盖了身体的姿势以及内在气质的外在体现,如站姿、坐姿、走姿、蹲姿、手势及表情等。优雅的举止和潇洒的风度往往令人钦佩,留下深刻印象,并赢得他人的尊敬。幼儿园教师的仪态在与学生的互动中扮演着至关重要的角色。因此,作为一名幼儿园教师,掌握并实践基本的仪态礼仪是至关重要的。

## 一、站姿

(一)站姿的基本要点

站姿,或称为立姿,指的是人在站立时所表现出的身体姿态。对于幼儿园教师而言,站姿是他们在孩子面前最常展示的一种姿态。一个优雅、得体的站姿是幼儿园教师展现其仪态美的基础。正确的站立姿势不仅有助于呼吸调节、改善血液循环,减轻身体疲劳,还能给人留下挺拔、舒展、庄重、大方等积极向上的印象。幼儿园教师采用站姿进行授课,不仅体现了对幼儿的尊重,还有助于运用身体语言提升教学效果。

(二)站姿的具体要求

①头正颈直,双眼平视前方,嘴唇微闭,下颌微收,面带微笑,自然平和;
②两肩平行、放松,稍往下压,使人体有向上的感觉;
③挺胸、收腹、立腰,臀部肌肉收紧;
④双臂自然下垂,放于体侧或者双手相叠放于腹部,抑或双手交叉于背后;
⑤双腿直立,身体重心应在两腿的中央,两脚分开20厘米左右的距离或者两脚跟靠拢,脚尖呈"V"字形。女幼儿园教师两脚可呈"丁""八"字站立。站姿如图5-1所示。

在站立时要体现出朝气与活力,呈现自然愉悦的表情,增加亲和力。避免在任何场合出现弯腰驼背、左摇右晃、叉腰倚门等不雅站姿。

图5-1 站姿

## (三)幼儿园教师在组织教育活动时的站立位置

在组织教育活动时,幼儿园教师应选择站立于教室的前中央位置。这样,除了位于两侧的幼儿外,大多数幼儿都能直接正视教师,从而确保教育活动的有效性。如果幼儿园教师频繁地站在教室的一角,那么大多数幼儿的视线将会是斜视的,长期下去可能会对幼儿的视力产生不利影响。

## (四)站姿的训练方法

站姿训练是塑造良好体态的基础,其质量直接关系到整体体态的美感。采用有效的训练方法可以达到事半功倍的效果。以下是一些常见的站姿训练方法。

### 1. 顶书训练

将书本置于头顶中心,为了防止书本掉落,头部和躯干会自然保持平衡。这种方法有助于纠正低头、仰脸、歪头和晃头的不良习惯。

### 2. 背靠背训练

两位同学一组,背靠背站立,确保头部、肩部、臀部、小腿和腿跟紧密贴合,保持在一个水平面上,以塑造完美的背部线条。

### 3. 背墙训练

背靠墙壁站立,确保后脑、肩部、腰部、臀部及足跟均能与墙面紧密接触。若能做到这一点,说明站立姿势正确;若无法接触,则需调整站立姿势。

### 4. 对镜训练

面对镜子站立,自我检查站姿及整体形象,注意是否存在歪头、斜肩、含胸、驼背、弯腿等问题。一旦发现问题,应立即进行调整。

通过这些训练方法,可以有效提升站姿的规范性和美观性,从而改善整体体态。

## 二、坐姿

### (一)坐姿的基本要点

坐姿是人在就座后身体所保持的一种姿势。优雅的坐姿带给人端正稳重、文雅舒适的感受。正确的坐姿是头端正,上身挺直,双肩放松,下巴微收,挺胸收腹,背与臀垂直,双膝并拢,双手自然放置在双膝上,或自然放在椅子扶手上。与人交谈时,可以侧坐,上身与腿同时转向一侧,此时双膝要靠拢,双脚脚跟靠紧。

### (二)幼儿园教师入座的方法

女幼儿园教师入座时,应轻而缓地走到座位前转身,右脚后退半步,待右小腿后部触到椅子后,方可轻轻坐下。若女教师穿着的是裙装,需在坐下前先用手将裙摆向前拢后再轻轻坐下。坐定后,挺直上身,头端,目光平视,嘴巴微闭,面带微笑。双膝并拢,腿可以放在身体正中或一侧。如果想跷腿,两腿需并紧。男教师入座时,双膝间的距离以一拳为宜,但不可超过肩宽。男教师坐姿如图5-2所示。

图5-2 男教师坐姿

## (三)适合女教师的坐姿

### 1. 正襟危坐式

这种坐姿适用于课堂或正式集会。具体要求如下:上身、大腿、小腿应与地面保持垂直;膝盖和双脚需紧闭,包括两脚的脚跟,均应完全并拢。

### 2. 双腿斜放式

此坐姿特别适合穿裙子的女教师。要求:首先将双腿并拢,然后向左或向右侧斜放双脚,确保斜放后的腿部与地面形成45°角。

### 3. 前伸后屈式

这是一种专为女教师设计的坐姿。要求:大腿紧贴后,一条小腿向前伸展,另一条腿后屈,两脚脚掌着地,确保双脚前后保持在一条直线上。

### 4. 双腿叠放式

这种坐姿适合穿短裙的女教师。要求:将双腿一上一下交叠,确保交叠后的两腿间无缝隙;双脚斜向左或右侧,斜放后的腿部与地面的角度成45°,叠放的上脚脚尖垂直指向地面。

以上这些坐姿如图5-3所示。这些坐姿不仅体现了优雅与规范,也适应了不同场合和着装的需求。

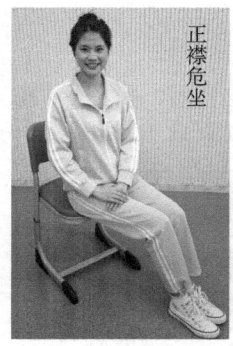 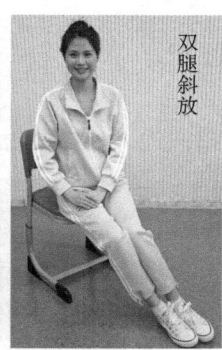  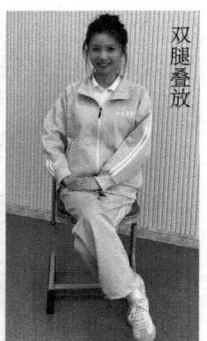

图5-3 适合女教师的坐姿

## (四)幼儿园教师坐姿的禁忌

### 1. 双腿不宜打开过大

双腿分开过大,无论是大腿还是小腿,都会显得非常不雅观。特别是身着裙装的女教师,更应注意避免这种情况。

### 2. 不适宜的架腿方式

入座后,将一条小腿架在另一条大腿上,并留出较大空隙,这种架腿方式极为失礼。

### 3. 避免直伸双腿

坐下时,双腿直伸出去不仅影响美观,还可能妨碍他人,应避免这种不雅行为。

### 4. 禁止将腿放在桌椅上

为了追求舒适而将腿架在高处,如桌子或椅子上,这种行为显得粗鲁无礼。同时,也不要将腿盘在座椅上。

### 5. 避免抖腿

坐下后,不停地抖动或摇晃腿部,不仅让人感到烦躁,也会给人留下不稳重的印象。

### 6. 注意脚尖方向

无论采用哪种坐姿,都不应将脚尖指向他人,这种做法缺乏礼貌。

### 7. 避免触摸脚部

入座后,不应用手触摸小腿或脚部,这样既不卫生也不雅观。

### 8. 手部摆放要得体

坐下后,手不应放在桌下,也不应双肘支在面前的桌子上,或夹在两腿之间。

### 9.避免仰靠椅背及跷二郎腿

入座后,不宜倚靠椅背,更不应跷起并摇动二郎腿,这会给人留下傲慢和随意的印象。

## 三、走姿

### (一)走姿的基本要点

走姿作为站姿的延续,是动态展现个人仪态美的重要方式。当人们行走时,宛如风拂水面,自然流露出轻快与自然之美。正确的行走姿态应是:迈步时,脚尖指向正前方,脚跟首先着地,随后脚掌紧随其后。行进中,应保持胸部挺直、腹部收紧,两臂自然摆动,步伐节奏适中,既不过快也不过慢。这样的走姿不仅能展现矫健轻快的身姿,还能传达出从容不迫的气质,充分展示个人的活力与魅力。

### (二)走姿的具体要求

正确的步姿要求身体保持正直,肩膀平直不摇,双臂自然摆动,双腿直立不僵硬,步伐从容、步态平稳、步幅适中且均匀。

#### 1.步位恰当

步位指的是脚落地时的位置。男女步位有所不同。男性应走平行线,即左右脚应踏出平行线;女性则应走直线,即左右脚应踩在同一直线上。

#### 2.步幅适度

步幅是指每走一步,两脚之间的正常距离。一般标准是,一脚踩出落地后,脚跟与未踩出脚的脚尖之间的距离等于自己的脚长。这与身高有关,高个子的人脚长,步伐自然较大;矮个子的人步伐则较小。

### 3. 速度均匀

在特定场合,应保持相对稳定的速度,正常速度为每分钟 60 至 100 步。

### 4. 重心放准

行走时身体应微向前倾,重心落在前脚掌上。在行进过程中,应确保身体重心随着脚步的移动不断向前过渡,避免身体重心停留在后腿上。

### 5. 身体协调

行走时,膝盖和脚腕应富有弹性,脚跟首先着地,膝盖在脚落地时应伸直,腰部作为重心移动的轴线,双臂在身体两侧自然前后摆动,使行走呈现出一定的韵律,显得自然优美。否则,会失去节奏感,显得身体僵硬。

### 6. 体态优美

走姿应昂首挺胸,步伐轻松矫健。最重要的是,行走时应直视前方,两眼平视,挺胸收腹,保持腰背挺直。

走姿如图 5-4 所示。

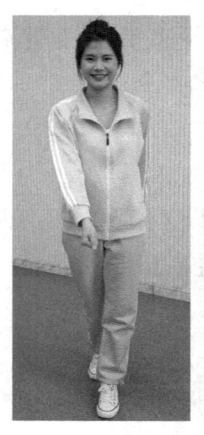

图 5-4　走姿

### (三)幼儿园教师走姿的禁忌

幼儿园教师的走姿应展现出优雅、稳重、从容与大方的姿态美。务必避免以下不良走姿。

**1. 弯腰曲背**

行走时不应弯腰或曲背,这会显得不自信且缺乏活力。

**2. 面无表情**

面部应保持自然且友好的表情,避免面无表情,以免给幼儿带来冷漠的印象。

**3. 东张西望**

行走时要保持目光前视,避免频繁地左右张望,以免分散幼儿的注意力。

**4. 步幅不当**

步幅应适中,既不过大显得急躁,也不过小显得拖沓。

**5. 拖沓之声**

走路时应轻盈,避免发出拖沓的脚步声,以免影响幼儿的情绪。

**6. 行走中进食**

在行走时不应吃东西,以免给幼儿树立不良榜样。

保持良好的走姿,不仅能够提升教师的形象,还能在潜移默化中对幼儿产生积极的影响。

## (四)幼儿园教师走姿的训练

**1. 双肩双臂摆动训练**

保持身体直立,将身体视为中心轴,双臂应自然且适度地前后摆动。务必避免双肩僵硬及双臂左右摇摆的不良习惯。

**2. 步位与步幅训练**

在地面上划出一条直线,行走时自我检查步位和步幅是否准确、适宜。纠正"外八字""内八字"以及步幅过大或过小的错误。

### 3. 顶书训练

将书本置于头顶,行走时保持头部端正、颈部伸直、视线不偏斜。以此纠正走路时摇头晃脑、东张西望的毛病。

### 4. 走姿综合训练

在行走训练中,应注意各种动作的协调配合。可配合节奏感强的音乐进行训练,注意控制走路的速度与节奏,确保双肩摆动对称,动作协调,并维持身体平衡。

## 四、蹲姿

### (一)蹲姿的基本要点

蹲姿是由站立状态转变为两腿弯曲、身体高度降低的动作。在日常生活中,当人们需要捡起掉落地面的物品时,通常会采取弯腰或下蹲的方式。对于幼儿园教师而言,在生活和工作中,蹲姿的使用频率颇高。尤其在与幼儿交流时,幼儿园教师应采取蹲姿,以确保双方目光处于同一水平线,从而促进平等且有效的沟通。幼儿园教师蹲姿的基本要求包括自然、得体与大方。

### (二)幼儿园教师蹲姿的类型

#### 1. 交叉式蹲姿

在日常生活中,交叉式蹲姿颇为常见。下蹲时,一脚应向前,另一脚在后,向前一侧小腿垂直地面,全脚贴地。另一侧膝向反方向延伸,同时脚跟提起,仅以脚掌触地。两腿紧靠,共同支撑身体重量,同时臀部下沉,上身微微前倾。

#### 2. 高低式蹲姿

高低式蹲姿中,双腿并非平行排列,而是一脚在前,另一脚略后。在前一侧脚完全着地,小腿基本垂直于地面;另一侧脚则脚掌着地,脚跟提起。此时,脚跟提起一侧的膝低于另一侧膝，同时膝内侧可贴靠于另一腿内侧，形成左高右低或右高左低的姿态。臀部下沉，主要依靠一侧腿支撑身体。

3. 半蹲式蹲姿

半蹲式蹲姿要求上身略微弯曲，但不宜与下肢形成直角或锐角；臀部应下沉而非翘起；双膝轻微弯曲，角度可根据实际需求调整，但通常应保持钝角；身体重心集中于一条腿上。

4. 半跪式蹲姿

半跪式蹲姿，亦称为单跪式蹲姿，是一种非正式的蹲姿。下蹲后，一条腿单膝着地，臀部坐于脚跟上，脚尖触地；另一条腿则全脚着地，小腿垂直于地面。双膝同时向外，双腿尽量并拢。这种蹲姿常为男教师所采用。

蹲姿如图 5-5 所示。

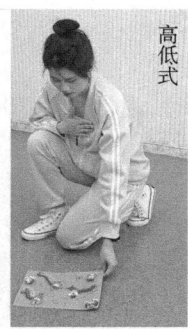

图 5-5　蹲姿

## 五、俯姿

### (一)俯姿的基本要点

俯姿是日常生活中鞠躬时所做出的动作。俯姿的基本要求:身体直立,面带微笑,面向对方,男教师双手自然下垂于体侧,女教师则将双手在体前轻握,以髋关节为轴,腰、背、颈、头呈一条直线,身体前倾。

### (二)俯姿的分类

#### 1. 15°角俯姿

在日常社交中,与他人初次见面并打招呼时,常采用15°角俯姿,即上身微微前倾15°,以示礼貌和尊重。

#### 2. 30°角俯姿

在较为正式的场合行见面礼时,通常采用30°角俯姿,即上身前倾30°,这一姿态更显庄重和敬意。

#### 3. 45°角俯姿

在与人道别之际,往往使用45°角俯姿,即上身前倾45°,这一动作传递出深厚的情感和敬重。

俯姿如图5-6所示。

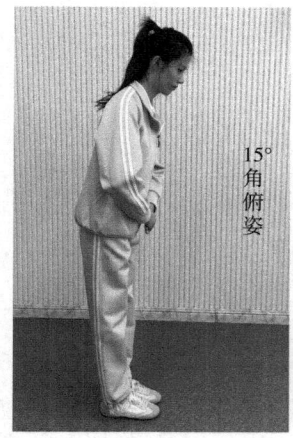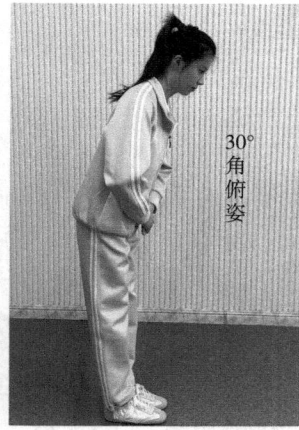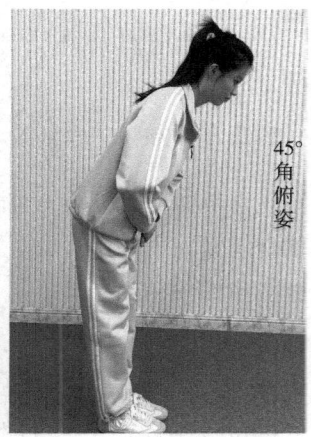

图 5-6 俯姿

### (三)俯姿的禁忌

①鞠躬时应保持身体直立,避免站立姿势不端正。
②不宜在行进过程中进行鞠躬,以保持礼节性和专注度。
③在鞠躬时,应避免同时进行吃东西、抽烟或四处张望等不敬行为。
④鞠躬时应避免将手插入口袋或双手持物,以确保礼仪的规范性和尊重感。

## 六、手势

### (一)手势的基本要点

手势是幼儿园教师在活动过程中,通过手臂、手和手指的动作来传递信息、表达情感的一种"体态语言"。这种非言语交流方式能够增强口头语言的说服力和感染力。幼儿园教师巧妙地运用手势,可以使讲话内容更加生动形象,帮助幼儿更好地理解所传达的信息,并且能够深化所要表达的情感,激发幼儿的共鸣。幼儿园教师在使用手势时,应遵循以下基本要求:动作自然大方、手部位置恰当、能够准确传达情感,并与口头语言紧密配合。

## （二）幼儿园教师常用手势

### 1. 正常垂放

正常垂放是幼儿园教师最基本的手势姿态。双手指尖朝下，掌心向内，手臂伸直后紧贴于两腿裤线处；或双手自然下垂，掌心向内，右手在上，左手在下，叠放或相握于腹前。

### 2. 自然搭放

保持身体直立，两臂自然垂放于办公桌上，肘部朝外，双手平稳放置于桌面上，四指指尖朝前，拇指与其他四指略微分离。

### 3. 手持物品

手持物品的方式多样，既可使用单手，也可双手并用。关键在于动作应自然流畅，五指并拢，用力均匀，避免翘起无名指与小指，显得做作。

### 4. 递接物品

递物时，最好使用双手递给对方；若条件不允许，则尽量使用右手。物品应直接递至对方手中，避免放置他处。若双方距离较远，递物者应主动上前递送。递送尖锐物品时，应确保尖锐面朝向自己，再递给对方，以确保安全。

### 5. 展示物品

展示物品时，为便于幼儿观看，应将物品置于略高于幼儿双眼的位置，并确保物品正面朝向幼儿。同时，应调整物品角度，以便幼儿从不同视角观察。教师在操作时应动作干净利落，速度适中，必要时可重复展示。若有解说，应确保口齿清晰，语速缓慢，让幼儿能够边听边观察。

### 6. 招呼

幼儿园教师使用招呼手势时，手掌应朝上，手背朝下，手指位置不宜高于肩膀，也不宜低于腰部。根据手臂的不同位置，此手势可传达多种意图，如"请坐""请这边走"或"你好"等。

### 7. 举手致意

当教师忙碌而无法立即回应幼儿时,应举手向幼儿致意,以避免误解。举手致意时,教师应全身直立,面向幼儿。若无法全身直立,则至少应确保上半身及头部面向幼儿,并保持目光接触,面带微笑。手臂应从下方向侧上方伸出,可以是弯曲或伸直;手掌向外,指向幼儿,指尖朝上,轻轻挥动手掌。

### 8. 挥手道别

教师在幼儿离园时常用挥手道别的手势。此手势要求身体保持直立,不可走动或晃动身体;双眼注视幼儿,目送其离开;右手掌心向外,手臂尽力向前伸出,轻轻地左右挥动。

### 9. 鼓掌

教师常用鼓掌来表示对幼儿行为的鼓励和赞扬。鼓掌时,右手掌心向下,有节奏地拍击掌心向上的左手掌。必要时,教师应起身站立,以示尊重和鼓励。

### 10. 夸奖

操作时,教师伸出右手,跷起拇指,指尖向上,指腹面向被表扬的幼儿,以示赞许和鼓励。教师常用此手势来表扬幼儿。

以上10种手势如图5-7所示。

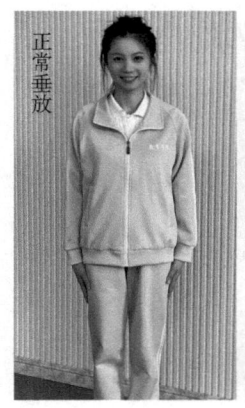

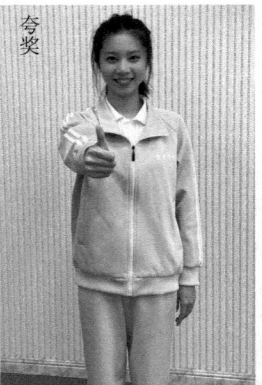

图 5-7 手势

### （三）幼儿园教师的禁忌手势

**1. 避免不当身体动作**

在公共场合，应避免进行不雅的身体动作，如搔头、掏耳朵、抠鼻孔、擦眼屎、剔牙、挠痒痒或咬指甲等行为。

**2. 禁止指向性手势**

在与幼儿互动时，切忌使用手指直接指向幼儿，以免造成误解或不适。

**3. 避免无意识的小动作**

在教学或交流过程中，应避免无意识的小动作，如转笔或玩弄衣扣等，这些行为可能会分散他人注意力。

**4. 控制情绪表达**

在表达高兴等情绪时，应避免做出拉袖子等不文雅的手势动作，保持专业和得体的形象。

**5. 适度控制手势幅度**

在交谈时，应避免过度夸张的手势，如指手画脚，以免影响沟通效果或显得过于激动。

## 七、目光

### （一）目光的基本要求

俗语说："眼睛是心灵的窗户。"在幼儿园教师的仪态中，眼睛是沟通心灵、传达感情的有效方式。目光可以表达出对对方的友好、亲切与关爱。当人们想表达一种事情，不仅能用语言来表达，还能用眼睛来传情达意，让对方领悟自己的意图。

## (二)幼儿园教师教学目光的类型

### 1. 扩散式

扩散式是一种视线有意识地自然流转,环顾全体幼儿的目光。

### 2. Z字式

Z字式是一种视线有意识地从全体小朋友的左边到右边,再从右边到左边,前排到后排,后排到前排的眼神,与全体幼儿都保持眼神接触的目光。

### 3. 巡视式

巡视式是一种由关注一位幼儿到关注部分幼儿的目光,一般速度较慢。

### 4. 直视式

直视式是一种重点地关注某一位幼儿,并与其有视线交流的目光。

## (三)幼儿园教师教学目光的运用方法

幼儿园教师教学目光的运用方法:教师在开始说话前,先用目光扫视一遍全体幼儿,让幼儿感知到老师正看着他,用目光提醒幼儿注意力集中,活动即将开始。教师的目光不可离开幼儿,配合身体的转动,让每个幼儿都能接收到老师关爱的眼神。在活动进行时,教师的眼神必须随着活动内容的变化而改变。当幼儿表现较好时,教师要投以赞赏、嘉勉、期望的目光;当幼儿有不当的行为发生时,教师可用目光告知、制止他,传达出老师已经注意到他行为的信息。

# 八、微笑

## (一)微笑的基本要求

微笑是个人自信、积极与乐观心态的外在体现。对于幼儿园教师而言,经常以微笑面对孩子,能够有效地促进幼儿形成乐观、自信及积极向上的心态,从而极大地推动幼儿心理的全面发展。微笑的基本技巧包括:首先放松面部肌

肉,接着嘴角微微上扬,使唇形呈现轻微的弧度;在此过程中,应确保不牵动鼻子、不发出声音,也不露出牙齿,保持一种温和的微笑。此外,微笑时还需注意面部其他部位的协调,特别是眼神中的笑意,只有整体和谐,方能展现出甜美的微笑。

(二)幼儿园教师运用微笑的注意事项

1. **微笑的"三要"**

①微笑应融合眉眼口鼻肌的动作,确保是发自内心的真诚表达。
②微笑需精神合一,体现气质。它应展示自信真诚、亲切和蔼及自然得体的态度。
③微笑需与仪表举止协调一致,以实现外表的完美统一。

2. **微笑的"三不要"**

①避免缺乏诚意、强颜欢笑。教师的微笑应由内而外,发自内心,通过眼神、眉毛、嘴巴及表情的协调动作来展现。生硬或虚假的微笑应被摒弃。
②避免使用稀奇古怪的笑(如皮笑肉不笑、阴阳怪气的笑)。
③不应让个人情绪影响对幼儿的微笑。

幼儿园教师的微笑应展现出温馨与亲切,有效缩短师生间的距离,为幼儿留下美好的心理印象,从而营造融洽的互动氛围。微笑不仅体现了教师的良好修养和待人的真诚,还具有独特的魅力,能使强硬的态度变得温柔,使困难变得容易。在师生交往中,微笑是一种增效剂,也是化解冲突的有效手段。

(三)幼儿园教师微笑的训练方法

1. **对镜训练法**

站在镜子前,先调整呼吸和情绪,确保呼吸平稳顺畅,心情轻松愉快。接着,对着镜子自然地说出"E"或"茄子",双唇轻轻展开,嘴角微微上翘,使面部肌肉舒展。在此过程中,要注意眼神和肢体语言的协调配合,呈现出眉目舒展、自然大方、和蔼可亲的微笑面容。

### 2.含箸法

选择一根干净、光滑的圆柱形筷子,将其横放在嘴中,用上下牙齿轻轻咬住。对着镜子观察并调整自己的微笑状态,挑选出最适合自己的微笑方式,并进行反复练习,以保持这种微笑的形态。

## 练一练

1.阅读案例,仔细分析,说一说小欧老师为什么会遭到家长投诉?你可以给她一些什么建议呢?

小小班的小欧老师是刚刚参加工作的新手教师。在工作上,她尽心尽力,努力认真。然而,最近她常常被家长投诉,家长向园长反映小欧老师在与家长和小朋友交流时几乎没有笑容,让家长觉得没有亲和力,班上的小朋友也不太喜欢她,甚至个别幼儿都不愿意上幼儿园。

2.根据所学的幼儿园教师仪态礼仪规范,认真练习站姿、坐姿、蹲姿、走姿、俯姿、手势、目光、微笑等姿势的正确做法。

## 阅读资料

### 幼儿园教师仪态礼仪自我检测

你认为正确的打"√",你认为错误的打"×"。

1.幼儿园教师的个人卫生反映着教师的精神面貌,将直接影响着他(她)在幼儿心目中的形象。

2.干净是对手部的基本要求。

3.教学活动是近距离的交往活动,师幼互相看得真切,妆容不可重,一定要恰如其分,自然大方。

4.从眼角把目光投向幼儿,传递的是一种漠然、漫不经心,甚至是轻蔑的表情。

5.幼儿园教师用手指指点幼儿的手势是非常不礼貌的,含有教训的意味。

6. "社交注视"的标准注视时间为交谈时间的20%—30%。

7. 幼儿园教师行走步伐要稳健、自信、刚劲、有力,体现出胸有成竹、沉稳自信的风度和气质。

8. 微笑是幼儿园教师在教育教学中的重要体态语。

9. 幼儿园教师教学时,需要配以适度的手势来强化教学活动效果。

10. 谈到自己的时候,应用右手掌轻按自己的左胸,会显得端庄、大方、可信。

注:除4号外,其他均为正确。

# 第六章　幼儿园教师工作礼仪

**学习目标**

1. 了解幼儿园教师工作礼仪的内容。
2. 理解幼儿园教师工作礼仪的重要性。
3. 掌握幼儿园教师在教育教学活动中应遵守的礼仪规范。
4. 掌握与幼儿、家长、领导和同事之间交往的礼仪规范。
5. 了解师范生实习、见习的基本礼仪规范。

　　幼儿园教师的工作礼仪是一种专门针对其职业的礼仪规范，它不仅是幼儿园教师在园日常工作中应遵守的行为准则，也是其综合素质的外在表现。这种工作礼仪主要分为两大类：幼儿园教师教育教学礼仪和幼儿园教师工作交往礼仪。

　　掌握并实践这些工作礼仪，对于幼儿园教师而言至关重要。它不仅能够帮助教师以身作则，成为孩子们学习和模仿的典范，还能在职业领域中赢得领导的认可、同事的尊重以及家长的信任。通过这种方式，幼儿园教师能够更有效地与幼儿互动，提升教育质量，同时也促进自身的职业发展。

# 第一节　幼儿园教师教育教学礼仪

案例导入

在区角活动期间,张老师询问孩子们:"小朋友们,你们想玩什么游戏呢?"孩子们的意见各不相同,有的想搭积木,有的想玩过家家。此时,淘淘兴奋地跑到张老师面前,蹦跳着表达自己的愿望:"我要玩奥特曼,打小怪兽!"张老师看了淘淘一眼,略带责备地回应:"你就只知道玩那些打打杀杀的游戏。"随后,她指向阅读区,对淘淘说:"你去阅读区拿本书,好好看书去。"淘淘带着失望的心情来到阅读区,随手拿起一本书,故意翻得很大声,以此表达自己的不满,但他并没有真正投入阅读中去。

在案例中,张老师向幼儿询问他们想玩什么游戏。然而,当淘淘表达了自己想玩的游戏时,他却遭到了张老师的讽刺,并被迫去做自己不愿意做的事情。幼儿园教育作为基础教育的核心,是孩子们步入社会的第一步,同时也是他们道德观念和行为习惯形成的关键时期。幼儿园教师的言谈举止、待人接物对幼儿的成长有着深远的影响。因此,幼儿园教师在教育教学中掌握礼仪规范显得尤为重要。

幼儿园教师的教育教学礼仪可以细分为两部分:一是幼儿园教师的保育礼仪要求,二是幼儿园教师的一日活动礼仪要求。这两方面都对幼儿的健康成长和全面发展起着至关重要的作用。

## 一、幼儿园教师的保育礼仪要求

《幼儿园工作规程》明确界定:幼儿园是为3周岁以上的学龄前儿童提供保育和教育的机构。同时规定:幼儿园的主要任务是贯彻国家的教育方针,坚持保育与教育相结合的原则,依据幼儿身心发展的特点和规律,全面推进德、智、体、美等各方面教育,以促进幼儿身心和谐发展。幼儿园教育不仅要关注幼儿的身体健康,还必须重视其心理健康,确保"保"与"教"真正结合起来,高效发挥保教的功能。幼儿园教师作为保教活动的主要执行者,在实施保育过程中,必须严格遵守保育礼仪的要求。

(一)勤观察,做好幼儿身心保健

**1. 树立科学的保育观**

随着社会的不断进步,保育的理念也在逐步演变。从以往仅关注"保护幼儿身体发育"的观念,转变为更加注重"促进幼儿个性发展及提升其社会适应能力"。同时,保育的范围也从单纯的"确保幼儿的安全保护与卫生"扩展至"在教育实践中注重幼儿的生理、心理及社会保健"。因此,幼儿园教师应当更新传统的保育观念,紧跟时代步伐,不断提高自身的专业素养,坚持保教并重的原则。保教结合的新理念不仅要求为幼儿创造一个安全、健康、舒适的生活环境,还应致力于帮助幼儿培养良好的生活习惯,塑造积极的生活态度,以及建立健康的生活方式,从而全面促进幼儿身心的健康和谐发展。

**2. 创设良好的心理成长氛围**

幼儿园教师应当为幼儿打造一个有利于心理成长的环境。在保育实践过程中,教师不仅要关注创建美观、舒适、卫生及安全的物质环境,还应致力于营造温馨、平等、轻松与和谐的心理氛围。物质环境的构建方面,园舍需具备充足的空间,以满足幼儿日常活动及生活起居的需求;园内应设有适量的绿化区域,并规划幼儿种植区,供孩子们种植常见花草与蔬果;确保园内空气新鲜,光线明亮,远离噪声污染;室内环境的布置需安全且合理。至于心理氛围的塑造,园所的生活设施布置及保育操作均需考虑幼儿的身心发展特点,幼儿园教师应以积极乐观的态度持续关怀幼儿,让他们感受到如同在家一般的安心与温馨。

**3. 开展有益健康的教育活动**

3至6岁是幼儿身心发展的关键阶段。幼儿园教师应通过开展多样化的、有益身心健康的教育活动,以促进幼儿的全面发展。例如,在体育教育中,可以引入"小青蛙捉害虫"的体育游戏,这不仅能教会幼儿基础的跳跃技巧,还能增强他们的腿部肌肉力量,提升动作的协调性。这些丰富而有趣的体育活动,不仅对幼儿的身体健康产生积极影响,也对心理健康的发展起到促进作用。在日常生活活动中,教师应指导幼儿学会正确的洗手、穿衣等生活技能;并督促他们保持环境卫生,培养良好的生活习惯和卫生习惯。在家园共育活动中,教师应引导家长积极参与到幼儿的教育中,形成家园合力,共同促进幼儿身心的健康发展。

（二）勤动手,做好幼儿安全教育

《幼儿园教育指导纲要》指出:"幼儿园必须把保护幼儿的生命和促进幼儿的健康放在工作的首位。""密切结合幼儿的生活进行安全、营养和保健教育,提高幼儿的自我保护意识和能力。"

1. 培养幼儿安全意识

在日常生活中,幼儿因其强烈的好奇心和模仿能力,往往容易遭遇意外事故。为此,幼儿园教师应在教育教学活动中精心设计安全教育内容,帮助幼儿掌握必要的安全防范知识,并树立安全意识。通过开展诸如逃生演习、火灾逃生演习等一系列安全演习活动,使幼儿在模拟情境中学习和掌握逃生技能。幼儿园应将安全教育贯穿于幼儿的日常活动之中,无论何时何地都应渗透安全知识,培养幼儿"安全第一"的意识。

2. 教会幼儿自我保护的方法

"授之以鱼不如授之以渔",幼儿园教师应采取多元化的教学方法,帮助幼儿将所学的安全知识转化为实际的避险或自救行为。因此,教师在教育教学活动中应设计内容丰富、主题鲜明的安全教育活动,旨在帮助幼儿养成健康的生活习惯和良好的行为习惯。通过不断的实践与应用,将所学的安全知识内化为安全行为,从而培养幼儿的自我保护意识。

## 二、幼儿园教师的一日活动礼仪要求

《幼儿园教师专业标准》要求幼儿园教师要掌握幼儿一日生活安排的知识与方法。良好的礼仪素养不是一蹴而就、一朝一夕就可以形成的,幼儿也是如此,礼仪规范的掌握是一个养成教育的过程。因此,幼儿园教师充分利用与幼儿相处的每一天,通过自身良好的内在礼仪素养和外在良好形象来潜移默化地影响幼儿,这种影响是一种隐形的教育。这对幼儿园教师的礼仪素养提出了更高的要求。幼儿园教师的一日活动礼仪要求见表6-1。

表6-1 幼儿园教师的一日活动礼仪要求

| 一日活动环节 | 幼儿园教师礼仪要求 |
| --- | --- |
| 晨间接待 | 教师每日早晨均需提前到园,衣着整洁、大方,在活动室门口笑脸恭候每一位幼儿和家长,幼儿问早,教师应回答"××小朋友,早上好!"给予幼儿鼓励表扬,并及时和家长告别 |
| 晨间活动 | 教师事先为幼儿准备适合的场地、器材,并以愉快的心情与幼儿一起活动 |
| 早操 | 教师需领操,亲身示范标准动作,要求精神抖擞,轻声引导,及时评价幼儿的表现 |
| 早餐 | 教师巡视观察,轻声指导,悉心照顾 |
| 教学活动 | 开展教学活动时,教师目光要柔和、亲切、有神;动作、声调、表情要恰如其分;要目光注视幼儿,耐心倾听幼儿的发言,真诚回应,及时肯定 |
| 休息 | 教师在适当的位置观察所有幼儿,对于犯错误的幼儿给予及时的指导 |
| 户外活动 | 教师提前准备、检查好场地;严格规范自己的行为;确保幼儿在自己视野内活动;指导幼儿正确使用器械;引导幼儿在活动中养成合作、分享、谦让等行为习惯 |
| 盥洗 | 教师注意观察幼儿表现,依据幼儿的年龄段区分对待:小小班和小班需要教师的看护与照顾;中班、大班及学前班则侧重于教授正确的方法 |
| 餐前活动 | — |
| 午餐 | 教师巡视,指导幼儿正确的进餐方法和用餐礼仪;讲解今日食谱及营养;组织幼儿饭后送回餐盘、洗手、漱口 |
| 餐后活动 | 组织幼儿在区角区域安静地活动,教师在适当的位置观察幼儿,给予适时指导 |
| 午睡 | 入睡前教师要检查幼儿嘴里是否有剩余菜、饭;检查幼儿口袋中是否有异物。轻声引导幼儿入睡,无声地巡视幼儿午睡情况,对未入睡的幼儿进行安抚 |

**续表**

| 一日活动环节 | 幼儿园教师礼仪要求 |
| --- | --- |
| 起床 | 教师观察、引导幼儿在欢快的音乐声中起床,问候幼儿"下午好",帮助幼儿穿好外套和鞋袜,引导幼儿及时如厕,饮水 |
| 午间操 | 教师面带微笑地与幼儿一起活动 |
| 下午间点 | 教师观察幼儿进餐情况,适时给予指导 |
| 游戏活动 | 游戏时,教师要与幼儿一起游戏;幼儿犯错误时要正面引导教育,不可大声训斥及变相体罚 |
| 离园活动 | 教师组织好幼儿离园准备;热情接待幼儿家长;适时关注幼儿活动情况;主动与家长打招呼,"下午好!您来接孩子了!"并与家长礼貌道别。与幼儿道别时拥抱幼儿,说"再见",并表明期待明天的见面 |

## 练一练

1. 阅读案例,仔细分析实习教师的行为有何不当之处?为什么?

午餐时间,幼儿们都在安静地、认真地用餐。实习的杨老师坐在前面观察着幼儿,这时杨老师的电话响了起来,杨老师很兴奋地大声聊起了电话。

2. 请以小组为单位,模拟幼儿园的一日活动,展示各个环节中幼儿园教师的礼仪规范。

幼儿园教师的一日生活的行为规范与指导如表6-2所示。

表6-2 幼儿园教师一日生活的行为规范与指导

| 情景 | 态度与行为方式 | 用语 |
| --- | --- | --- |
| 初次见面 | 1. 主动、热情、文明、礼貌<br>2. 教师之间不直呼姓名 | 1. 老师早(好)<br>2. 小朋友早<br>3. 您好 |
| 幼儿生病需要照顾时 | 1. 主动、热情、认真、负责,让家长放心<br>2. 离园时向家长反映幼儿病情及服药情况 | 1. 您放心,我们一定按时给孩子服药<br>2. 您放心,我们今天多照顾他一些<br>3. 您放心,孩子有特殊情况,我们及时与您联系<br>4. 药我们已经按时给孩子吃了,回家您再接着给孩子吃 |
| 当孩子遇到困难时 | 1. 鼓励幼儿增强自信心<br>2. 给予适当帮助,不讽刺、挖苦幼儿 | 1. 你能行,你会做<br>2. 能做好,试一试<br>3. 你看,你做得挺好<br>4. 不错,你进步了<br>5. 别着急,我来帮助你<br>6. 有不会的,来找老师 |
| 孩子无意出现过失时 | 耐心安慰幼儿,及时妥善处理,不指责、埋怨幼儿 | 1. 伤着没有?<br>2. 烫着没有?<br>3. 下次要小心<br>4. 下次注意<br>5. 不要紧,老师帮你 |
| 孩子有意出现不良行为时 | 1. 坚持正面教育,及时解决<br>2. 严禁体罚和变相体罚 | 1. 有事好好说,不可以动手<br>2. 自己解决不了的事情,可以找老师<br>3. 相信你是个好孩子,以后不会再做这样的事情 |

——引自唐志华:《幼儿教师礼仪基础教程》,复旦大学出版社2020年版,第119—120页,有删改。

## 第二节 幼儿园教师工作交往礼仪

午睡结束后,丁丁在如厕时不慎将内裤弄湿了一小块。她随即向红红老师寻求帮助,红红老师热心地为她更换了干净、舒适的新内裤。在协助丁丁穿上外裤时,丁丁却拒绝穿上原来的外裤,坚持要红红老师为她换一条新的。红红老师耐心地解释道:"外裤并未被尿湿,不用更换。"然而,丁丁坚持己见,非要换新的外裤。红红老师为了让丁丁放心,便让她亲自触摸外裤,确认其干燥,并再次强调:"看,裤子确实是干的,真的没有必要更换。"但丁丁依旧坚持:"不,我就是要换一条新的裤子!"

在案例中,红红老师虽然迅速地帮助丁丁更换了尿湿的内裤,但在与丁丁的沟通交流过程中,未能充分理解丁丁的真正需求。作为幼儿园教师,仅仅坚持自己的观点而不从孩子的角度出发考虑问题,是不够的。在幼儿园的日常工作中,教师不仅要与孩子们进行有效沟通,还需与家长、园所领导及同事们保持良好的交往关系。因此,幼儿园教师在履行职责时,必须高度重视工作中的交往礼仪,这对于维护师生关系、家校沟通以及同事间的协作都至关重要。

## 一、师幼交往礼仪

### (一)热爱幼儿

幼儿园教师,这一职业犹如太阳底下最灿烂的光芒,他们行走的是一条洋溢着青春活力的绿色大道。那些热爱幼儿的教师,他们的美丽,如同带领着一群小鸟在蓝天中自由翱翔;他们的神奇,能够将难题转化为无尽的乐趣;他们的意义,不仅在于放飞希望,更在于通过无私的奉献,成就了自我。这份职业,是对未来的播种,是对梦想的启航,每一次的付出都显得如此珍贵而有意义。

### (二)尊重幼儿

爱默生曾说:"教育的奥秘在于对学生的尊重。"幼儿们带着各自原生家庭的烙印,形成了千差万别的性格与人格特质。作为幼儿园教师,应当将每位幼儿都视为独一无二的个体,无论他们的出身如何,性格怎样,教师都应以尊重为前提,用微笑和善意去对待他们。这样的教育态度,不仅是对孩子个性的肯定,也是对他们成长道路上的温暖支持。

### (三)平等相待

幼儿园里的孩子们来自各式各样的家庭,他们各自拥有独特的个性、外貌和行为习惯。尽管他们之间存在诸多差异,但每个幼儿都散发着纯真无邪的可爱气息,他们的内心纯净如水,时而是温柔的天使,时而又调皮如小恶魔。

在日常的教学与关怀中,幼儿园教师应当秉持平等的爱,对待每一个孩子。这份爱能够激发孩子们积极快乐的情绪,尤其对于那些内向、胆怯或不够自信的孩子,教师更应通过平等的对待和真挚的关爱,让他们深切感受到来自老师的温暖与支持,从而在心灵深处播下自信与快乐的种子。

### (四)公正不偏

幼儿园教师在日常工作中应始终坚守公正不偏的原则。这一原则的核心体现在日常生活中对幼儿持有民主与尊重的态度,确保对所有幼儿一视同仁,不因个人偏好或私心而有所偏颇。为了实现公正不偏的教育理念,幼儿园教师应遵循以下几点:

首先,平等对待每一位幼儿,确保一视同仁,不偏不倚。这意味着无论幼儿的家庭背景、个性特点或能力水平如何,教师都应给予同等的关注和机会,让每个孩子都能感受到公平和尊重。

其次,实事求是,对待幼儿的行为赏罚分明,公正合理。教师应根据幼儿的实际行为和表现来给予评价和反馈,确保奖惩的公正性,既不偏袒也不忽视任何孩子。

再次,长善救失,根据每个孩子的特点和需求,因材施教,促进其全面发展。教师应深入了解每个幼儿的个性和能力,提供个性化的指导和支持,帮助他们在优点上得到强化,在不足上得到改善。

最后,面向全体幼儿,同时注重个体差异,做到点面结合,确保每个孩子都能得到适宜的关注和指导。教师应在关注全体幼儿的整体发展的同时,也关注每个孩子的特殊需求和发展潜力,实现教育的全面性和个性化。

通过这些措施,幼儿园教师能够为孩子们营造一个公平、尊重的成长环境,帮助他们健康快乐地成长。

## 二、与家长交往礼仪

《幼儿园教师专业标准》指出:教师应与家长进行有效沟通与合作,共同促进幼儿发展。家长是幼儿的第一任老师,也是幼儿终身教育的指导者,家长的态度决定着幼儿的发展方向,要培养一个具有良好礼仪规范的幼儿,家长的配合和引导是必不可少的。因此,幼儿园教师应与幼儿家长建立良好的关系,从而获得家长的支持和配合。幼儿园教师与家长交往需注意如下礼仪。

### (一)入园、离园时应注意的礼节

幼儿的入园与离园环节是幼儿园教师日常工作的重要组成部分,同时也是与家长互动最为频繁的时刻。因此,幼儿园教师在与家长进行入园和离园的交流中应注意以下几点。

**1. 保持微笑,展现亲切与热情**

无论是早晨迎接幼儿入园还是傍晚送别离园,幼儿园教师都应保持微笑,以亲切的态度主动上前与家长打招呼,如使用"您好""早上好"、"再见"等问候语。即使家长因特殊情况迟到,也不应表现出冷漠或指责的态度,而应耐心倾听家长解释,并给予理解和宽容。

**2. 尊重每位家长,确保平等对待**

在幼儿入园和离园的过程中,幼儿园教师应平等对待每一位家长,确保公正性。特别是对于年龄较大或身体有残疾的家长,更应给予额外的关心与照顾。

### 3. 熟悉情况，进行真诚沟通

每次接园时，幼儿园教师应主动向家长了解幼儿的最新情况，特别是对于有特殊需求的幼儿，如询问其在家的健康状况、用药情况等。离园时，也应向家长详细介绍幼儿一天的学习和生活情况。在沟通时，教师应保持真诚的态度，语气温和，避免对家长的提问表现出不耐烦或无知的态度。

通过这些细致入微的交流方式，教师不仅能够建立与家长的良好关系，还能更有效地促进家园合作，共同关注和支持幼儿的健康成长。

## （二）开家长会的礼仪

开家长会的目的主要有三点：一是与家长沟通，加深双方对幼儿的了解；二是向家长宣传，帮助家长正确地教育子女；三是向家长展示，让家长认识老师、理解老师从而支持老师的工作。因此在召开家长会时，幼儿园教师应遵从如下礼仪。

### 1. 着装得体，举止优雅

在举行家长会时，幼儿园教师的着装应显得庄重而得体，举止则应保持文雅，这样的形象易于赢得家长的信任与尊重。相反，如果教师穿着过于前卫或举止粗鲁，可能会引起家长的反感。

### 2. 精心筹备

在家长会召开之前，幼儿园教师需进行周密的准备工作，包括：布置班级环境，明确会议主题，撰写发言稿，并提前通知家长以做好参会准备。这些细致的准备能够确保家长会的顺利进行，并有效传达会议内容。

### 3. 平等交流，友好协商

幼儿园教师与家长之间的关系应建立在平等的教育合作基础之上。在家长会上，教师应以亲切自然的姿态出现，保持温和的语气和文雅的举止。在介绍幼儿情况时，应更多地给予表扬与鼓励，减少批评与指责；在与家长交流时，应多采用商讨与讨论的方式，而非命令与指示。绝对避免以居高临下的态度与家长交谈，这样的互动方式更能促进双方的相互理解和合作。

## 三、与领导交往礼仪

幼儿园教师与领导交往应注意以下几方面。

### (一)以诚相待,保持自尊

幼儿园教师在与领导交往时,应避免过分奉承或回避,也不应过于强硬。正确的上下级相处之道是保持不卑不亢,平等对待。幼儿园教师应尊重领导,积极主动地工作,以认真踏实的工作态度赢得领导的认可。切忌通过奉承或巴结的方式接近领导。同时,对待所有领导应一视同仁,不应因级别高低而有不同的态度。

### (二)服从指挥,尊重领导

领导是通过严格的考核和选拔程序担任职务的,他们有权指挥下属,也承担相应的责任。因此,作为下属应遵守职责,服从命令,不可无视领导或在公共场合顶撞。无论个人关系如何,工作场合中领导的身份应得到尊重,特别是在外人面前,应保持礼貌,不可放肆。

### (三)尊重与礼貌并重

尊重领导体现在日常的工作和生活的细节中。下属对领导的称呼应恰当,拜访领导办公室时应先敲门并等待允许后再进入。与领导交谈时,应简洁明了地表达问题和需求,避免浪费领导时间。当领导主动找下级谈话时,应等领导坐下后再就座。领导交代工作时,应认真倾听并做好记录。领导离开时,应主动开门送行,并礼貌地说"再见"。

### (四)指正领导,讲究方法

领导也是人,工作中难免会有失误。指正领导的错误时,应选择合适的时机和地点,采用恰当的方法和态度。如果领导不接受批评或对下级有误解时,应耐心解释,不应消极怠工或在背后散布不满。面对固执的领导,可以向上级主管部门反映,寻求妥善解决。

## 四、与同事交往礼仪

幼儿园教师的工作极富协作性,没有任何一位教师能仅凭个人力量带好全班幼儿。因此,在与同事交往中,幼儿园教师需特别注重礼仪规范,以建立团结、协作、和谐的关系,从而形成教育合力,促进幼儿的全面发展。

### (一)尊重为先,亲密有度

同事间交往的核心是尊重,"敬人者,人恒敬之;爱人者,人恒爱之"。尊重是相互的,主动通过言行表达对同事的尊重,方能获得同事的尊重、理解和支持。

### (二)遵循"白金法则"

在与同事交往中,要遵循礼仪规范,换位思考,真正了解并满足别人的需求。

### (三)将心比心,共享利益

同事间难免有竞争,甚至是利益上的竞争。此时,我们应遵守礼仪规范,公平竞争,坦诚相待,以实现长期、有效地合作,达成双赢结果。

### (四)分享快乐,勿炫耀

取得成绩或遇到喜事时,真诚与同事分享,而非炫耀。

### (五)热情开朗,成为"开心果"

幽默开朗的人易赢得信任和好感,他们的生活态度能感染周围人,使整个团队充满向上的活力。

### (六)择善而从,多赞美,少嫉妒

"三人行,必有我师",善于向同事学习,"择其善者而从之,其不善者而改之"。多发现他人的优点并学习,对他人的缺点给予宽容和理解,同事取得成绩时,真诚赞美而非嫉妒。

### （七）批评有益，注意方法

朋友是财富，批评时不忘尊重，遵循"黄金法则"："你希望别人怎么待你，你就怎么待别人。"

### （八）化解误会，求同存异

一切以大局为重，以工作为中心，不计较利益得失，各退一步，海阔天空，力求殊途同归，圆满完成工作。

## 五、师范生见习、实习礼仪

见习与实习是学前教育专业师范生在步入幼儿教育岗位前，提升专业素养、培养职业情感与道德、锻炼社交能力，并将专业知识与技能转化为实践经验的关键学习阶段。这一过程对于缩短师范生入职适应期至关重要。

见习分为保育见习和教育见习，根据课程要求，见习的时间长度各异。在见习期间，师范生需明确自身角色，完成相关任务，例如：观察幼儿日常活动中保教工作的内容与方法，学习并记录幼儿园教师如何设计、组织并实施教育活动，以及观察和记录幼儿在日常活动中的表现。在此期间，见习学生不得参与任何形式的活动组织，亦不得干预保育员或幼儿园教师的工作。

实习主要指毕业实习，通常安排在大学四年级，持续约16周。在实习期间，学前教育专业师范生应明确自己尚为"准幼儿园老师"，并非正式教师，因此不得擅自组织幼儿活动或处理突发事件。如需开展活动，必须获得指导老师同意，并在其协助下进行；若幼儿发生事故，应立即向指导老师和幼儿园负责人报告，由他们负责处理，实习生不可私自干预。

无论是见习还是实习，学前教育专业师范生都应展现礼貌、谦虚、大方和师表风范，以促进个人专业成长和职业发展。

### （一）见习生、实习生个人礼仪的具体要求

#### 1. 仪容仪表的具体要求

作为师范专业的见习生、实习生，要做到举止大方，态度诚恳，待人亲切，彬

彬有礼,着装整洁。

(1) 服饰自然朴素

在见习、实习期间,师范生的服饰要自然大方、朴素干净、有朝气。实习生作为一名实习幼儿园教师,着装要彰显为人师表,展示出个人的良好修养和严谨的生活态度。学前教育专业师范生在见习、实习期间的着装要注意以下几点:

①不要穿着奇装异服,忌穿露脐装、露背装、无袖衣裙、低腰裤、紧身等服装。

②不要衣冠不整、不修边幅,不要穿拖鞋。

③不要浓妆艳抹、花枝招展。

④不要戴戒指等饰物。

(2) 个人卫生整洁

见习生、实习生要注重个人卫生的整洁,即要保持面部、手部和头部的清洁。勤洗脸、洗脚、洗头、洗澡,保证身体无异味,早晚要刷牙,饭后要漱口;指甲要修理干净,不要留长指甲,指甲缝里不可以藏有污垢,更不允许涂染指甲。头发要梳理整齐、展现出青春活力,不可以染发、烫发,不要披头散发。留长头发的女同学要把头发束好,前额的刘海不要遮住眉毛;男同学不要留长发,胡子要刮干净,不要抽烟喝酒。

(3) 待人亲切有礼

在见习、实习期间,师范生扮演着双重角色,既是学生又是"老师",不仅要与实习园领导、指导老师、幼儿们打交道,还要与幼儿家长打交道。见习生与实习生要注意做好自己的角色,态度要诚恳,尊重园所领导和教职员工,见面时热情主动问候,待人亲切有礼,工作认真负责,做到早到晚走和"手勤、腿勤、眼勤",虚心接受园所领导、指导老师、家长提出的建议与意见。尊重家长,热情周到地接待家长,不要与家长发生矛盾冲突。对待幼儿要耐心、细心和有爱心,要有高度的责任心和事业心,要善于倾听,学会控制好自己的感情与情绪,不要向幼儿乱发脾气。

(4)特别注意"小节"

见习生与实习生要特别注意"细枝末节"的小问题,千万不可掉以轻心:

①不要在人前"打扫个人卫生",如剔牙齿、掏鼻孔、挖耳屎等。

②与人谈话时要保持一定的距离,注意口水不要飞溅,声音不要过大或过尖。

③餐后牙缝中不可夹带食物残渣,工作期间不可食用葱、蒜、韭菜等具有刺激性气味的食物。

④要注意勤洗澡和勤换衣服,若身体有异味要及时治疗。

⑤谨言慎行,不要议论他人隐私;不要乱起绰号。

⑥不要随意翻阅别人的资料或文件。

⑦不要随便食用小朋友的食物或接受小朋友的物品。

## 2. 仪态举止的具体要求

笔者在第五章曾提及,仪态就是人的身体姿态,包括人的站姿、坐姿、走姿、蹲姿、目光、表情等身体展示的各种动作。在见习、实习的过程中,见习生与实习生要时刻提醒自己,注意自己的行为举止,要为人师表,克服平时的一些不良习惯,展示自己良好的仪态。

在见习、实习听课期间,如果是坐着听课,要注意正确的坐姿:上身挺直,双脚并排自然摆放,目光柔和,集中精神;不要弓腰驼背,随意懒散地坐在椅子上。如果是站着听课(如室外的活动课),注意身体要挺直,面带微笑,两臂自然下垂,五指自然弯曲,双腿直立,女生的双膝和双脚要靠紧,男生两脚间可稍分开点距离;不要靠在墙壁、椅子上或三三两两靠在一起窃窃私语。

实习生在实习上课时,应站着讲课,要站稳站直,胸膛自然挺直,不要耸肩或过于昂头;目光要柔和、亲切、有神,给小朋友以平和、易接近的感觉;声音要温柔、适中,要耐心细致地倾听小朋友的回答,必要时可蹲在小朋友的身旁,抚摸小朋友的头,拍拍小朋友的手或肩膀,给予鼓励。当说话被小朋友打断时,不能责备或体罚小朋友,也不能投以不屑的目光或冷漠待之,学会采用一些合适的方式或小活动让小朋友重新集中精神听课;当出现突发事件打断讲课时,如小朋友突然尿湿裤子,实习生要保持冷静,在指导老师的帮助下妥善处理事情,事后要进行自我批评与反思,找出事情发生的原因与解决问题的方法,避免类似问题再出现,同时,对当事的小朋友要加以关怀,不能嘲笑,以免伤害小朋友的自尊心。当需要用手势或教具来增强上课效果时,手势要得体、自然,出示教具要自然,要随相关内容进行;不要用教具或物品敲击讲台,提问时不能直接用手指指小朋友,而应是用手掌作"请"状。在行进期间,步幅不宜过大过急。在整个上课期间,实习生都应保持面带微笑。

### (二)见习生、实习生言谈礼仪的具体要求

#### 1. 礼貌言谈

与人进行言谈时,一定要使用礼貌用语,态度要真诚热情、不卑不亢,语言要规范、准确、得体。"您好""请""谢谢""麻烦""对不起""再见"等礼貌用语要常挂嘴边。

在见习、实习的日常工作中,相互见面,应礼貌地互道"您好"或"你好",需要其他见习生、实习生或指导老师协助时,要用"请""麻烦""劳驾",当同伴或指导老师提供帮助时,要用"谢谢""给您添麻烦了";打扰或妨碍了他人时,要及时真诚地说声"对不起""请原谅""请多包涵";接受吩咐时说"听明白了""清楚了,请您放心";有同行或领导来园参观时,要说"欢迎";有求于指导老师或同伴解答时要用"请问"等。

负责早上晨间接待的见习生、实习生要准时到园,在园门口接待幼儿与家长。见到幼儿和家长,要亲切道声"早上好";下午,与家长和幼儿道别时,要亲切地说"再见,请走好"或"明天见"。见习生、实习生要时刻注意自己的言谈,给小朋友树立一个学习的榜样。

#### 2. 注意称谓

见习生、实习生要尽快记住园长、指导老师的姓名。当见到园长或指导老师时,要以职务称呼幼儿园的领导和老师,要分别说"×园长好""×老师好",不能都说"老师好";幼儿园的保育员或其他工作人员可以称呼为"阿姨或叔叔";使用代称时,尽量使用"您"字,特别是对园长、年长的幼儿老师和家长。不允许给园长、指导老师或其他工作人员起绰号,更不能随便称呼他们的外号。

见习生、实习生要在最短的时间内记住带班幼儿的姓名。对幼儿可以称其为"×××小朋友,你好",或"×××,你好";对幼儿的称呼要体现亲近,尽可

能用"我们……",而少用"你们……";幼儿家长可以称呼为"×××的家长,您好"或"叔叔(阿姨),您好"。

见习生、实习生之间要相互理解,以礼相待。见习生、实习生之间也要以"老师"相称,特别是在幼儿面前,既可以给幼儿树立文明有礼的榜样,有利于培养幼儿的文明礼貌习惯,也可以在幼儿中树立威信,有利于建立起幼儿对于见习生、实习生的敬意。

(三)见习生、实习生交往礼仪的具体要求

见习生与实习生要注意见习、实习期间交往中的礼貌与礼节,以赢得他人好感和支持,从而顺利地开展见习、实习工作。

1. 与园长的交往

主动礼貌地与园长打招呼。见到园长,见习生、实习生都应放下手中的工作,双手自然下垂站好,面带微笑、礼貌地与园长打招呼或点头致意。

① 虚心接受园长的指导。园长向见习生、实习生提出有关见习、实习工作的意见或建议时,见习生、实习生要虚心接受,并在见习、实习工作中有所体现。

② 尊重园长的工作。见习生、实习生要尽量少打扰园长的工作。没有得到园长的允许,见习生、实习生不能擅自进入园长的办公室,也不能私自使用幼儿园的物品。

一般情况下,有问题直接向指导老师反映、请教,除非是非常要紧的事或是见习生、实习生本人的事需要找园长,才可以去打扰园长。但要提前与园长约定好时间,按时赴约。进入园长办公室要有礼貌,注意整理自己的服饰,切记敲门,得到许可后才能进入。进入后,直入话题,简明扼要地把事情说明,尽量少说或不说客套话。得到了答复后就应及时礼貌地告辞,对园长的热情接待和帮助表示感谢,离开时要轻轻把门带上。

2. 与指导教师的交往

① 尊重指导教师。指导教师就是见习生、实习生的师傅,见习生、实习生不仅要服从本校的带队指导教师,帮助教师开展工作,更要尊重见习、实习园的指导教师。

② 见习生、实习生要主动、虚心地向师傅学习。在见习、实习过程中,指导

教师都会对见习、实习的工作做出详细的讲解与示范，见习生、实习生不仅要用心听讲、做好记录，并用眼观察、用心体会、细细理解，学习他们丰富的教学经验和一丝不苟的敬业精神以及他们的优点。

③ 主动积极配合指导教师的工作。在观摩听课期间，见习生、实习生要做好"二传手"，如帮指导教师制作上课用的教具，早餐时帮忙分派餐具或组织好幼儿等，同时，见习生、实习生自己要做好听课记录，有不明白的地方要利用课余时间大胆向指导教师请教，不要不懂装懂。

在实习上课期间，实习生要提前写好教案和做好教具，准时送给指导教师审阅，并按照指导教师的意见进行修改，修改后再送给指导教师审阅，不要怕麻烦。在正式上课前，要进行试教，要邀请指导教师和同组的实习生一同听课，试教后要及时根据教师和同学的意见进行修改、熟悉。上完课，实习生要主动征求大家的意见，恳请大家给予指导，以不断地提高自己的水平。

### 3. 与幼儿及家长的交往

① 见习生、实习生时刻铭记自己的身份。从进入见习、实习园的第一天起，见习生、实习生就要将自己当作一名教师，注意自己的形象、言行、举止，要有教师的模样。在与幼儿交往的过程中，宜亦师亦友、宽严结合，对幼儿要真诚、耐心、细致、有爱心，一视同仁；使用儿童式的语言，亲切地与幼儿打招呼、交谈，不要板着面孔；尊重幼儿的选择与意见，多称赞和表扬幼儿，对幼儿的"过错"，讲究教育的艺术，保护幼儿的好奇心和自信心。在生活中，要关心幼儿，以大哥哥大姐姐的姿态呵护幼儿，适时提醒他们要注意的事项；照顾个别幼儿的特殊需要。在活动中，要和幼儿一起无拘无束地玩耍，引导教授他们相应的活动技能技巧及与人相处的方式方法。注意不要厚此薄彼，不能大声斥责、体罚或冷落幼儿。

② 见习生、实习生要尊重家长，热情有礼貌地与家长打招呼，虚心听取和接受家长的意见，如实、婉转地向家长反映幼儿在园的情况。当家长有情绪或意见时，不要顶撞家长、与家长产生矛盾，或擅自做主处理问题，应该把问题交给指导教师或幼儿园领导去解决。

### 4. 见习生、实习生间的交往

见习、实习期间也是学习社会交往的时期。因此，见习生、实习生之间要相互帮助、相互关心、取长补短、共同进步,要以诚相待,要有宽容包涵之心,要有集体的观念;遇到问题时,大家要齐心协力、共同解决;要相互听课评课。

(四)见习、实习结束时的礼仪

当见习、实习工作快要结束时,见习生、实习生要提前告知园所领导和指导教师实习工作结束的时间和离园的具体时间,以免影响园所正常的教学工作。在离开见习、实习园所前,见习生、实习生要清理好自己的个人物品,并完成见习、实习的工作总结和有关的表格。请指导教师写好见习、实习工作的评定意见和成绩,虚心听取他们的意见或建议,感谢他们在见习、实习期间的真诚帮助。与幼儿道别,安慰幼儿的情绪,与他们一起合影留念,鼓励幼儿好好学习。见习生、实习生离园时,尽可能避开幼儿上课的时间,不要影响幼儿园正常的教学活动,以免对幼儿的情绪造成影响。

## 练一练

1. 阅读案例,仔细分析,帮小丽老师想想办法?如果你是小丽老师,你会如何排解不良情绪呢?

最近,小丽老师在生活中遇到一些烦心事,导致情绪非常低落。一日晨间接待时,小丽老师对家长询问的回答态度冷淡,爱理不理。这就导致家长对小丽老师产生不好情绪,之后总是针对小丽老师挑毛病,也不愿支持配合小丽老师的工作。

2. 说一说,幼儿园教师与家长、领导、同事交往需要注意哪些礼仪要求。

3. 说一说,师范生在见习、实习的时候需要遵循哪些礼仪规范。

## 阅读资料

### 幼儿教师日常礼仪规范

把"五声十字"礼貌用语习惯性用于日常口语中,注意不同环境下的音量与语气,对家长体现尊重,对同事体现友爱,对幼儿体现母爱。

1. 当家长提出要求或意见时

用语:我们一定认真考虑您的意见;您的要求我们明白,请您放心;我们会转达您的建议,谢谢您的帮助。

忌语:那怎么可能;您想得太多了;这是不允许的。

2. 当幼儿生病需要服药和照顾时

用语:您放心,我们会按时给幼儿服药,有特殊情况及时与您联系;我们已经按时给幼儿吃了药,据观察幼儿病情有所好转,请回家再接着服药。

忌语:知道了;他的药真多;他怎么老是吃药啊。

3. 当家长打电话或亲自来为生病幼儿请假时

用语:谢谢您通知我们;病情怎么样;您别着急;孩子病情稍好些,可以把药带到幼儿园,我们会帮您照顾的。

忌语:知道啦;好的;没事的。

4. 当幼儿遇到困难时

用语:别着急,我来帮助你;你能行,再试试;有不会的,请老师或同学帮忙;不错,有进步了;挺好的;加油。

忌语:人家都会,就你不会;你做不完就别……你就吃行,其他什么都不行。

5. 当幼儿无意出现过失时

用语:伤着没有?下次要注意;不要紧,老师帮你;勇敢点,自己站起来;有大小便要跟老师说。

忌语:你怎么那么傻;你自己给擦了;真讨厌;你怎么回事。

### 6. 当幼儿出现打闹等不良行为时

用语：怎么回事？有事好好说，不能动手；自己解决不了的可以找老师；别人打你，你会高兴吗？这样影响多不好；相信你们是知错认错改错的好孩子，以后不会再做这种事。

忌语：你们两个到外面去吵；看你们吵到什么时候；现在你们打吧，让大家来看看谁会赢。

### 7. 幼儿在园发生意外事故，主动向家长报告

用语：真对不起，今天……您别着急，是……麻烦您观察孩子，有什么不舒服时，需要我们做什么，您尽管与我们联系。（次日幼儿未来园，主动打电话询问）

忌语：是孩子自己不小心，我已经叮嘱过他的。

### 8. 放学时家长晚接幼儿

用语：没关系，不着急；请商量好谁接，免得幼儿着急；准时来接幼儿，幼儿会更觉得家庭的温暖；帮助家长是我们应该做的；幼儿玩得很自在，晚点接没有关系。

忌语：明天早点来接；你怎么老是那么晚；我终于可以下班了。

### 9. 找个别家长谈语

用语：对不起，耽误您一会儿时间，反映一下某某小朋友近期情况；在……方面要……希望您给予配合。（态度平和，说话和气、委婉）

忌语：某某一点儿不聪明，太吵了；在班上属于中下等；真让人心烦，小朋友也讨厌他。

### 10. 家长送幼儿随意走进教室

用语：家长请留步，让幼儿学做自己的事情；幼儿能做好自己的事情，请您放心；幼儿们正在用餐，请您留步。

忌语：家长不能进来；走来走去不卫生；让他自己放书包得了。

### 11. 家长送幼儿来园并上交家庭作业

用语:做得真棒;宝宝的作业真有创意;做得很认真;你的手真巧;谢谢家长的配合;又有进步啦;真漂亮;老师知道你做得很认真;老师知道你尽力了;相信你下次做得更好;下次听清要求会做得更好。

忌语:这是你自己做的吗;怎么做成这样啊;哎呀,做错了;实在难看;老师不是说了吗。

### 12. 当幼儿出现情绪不佳或不舒服时

用语:别哭,告诉老师怎么了;让老师来帮助你;宝宝怎么了;哪里不舒服;让老师看看,跟老师说说悄悄话(蹲下;抚摸;拥抱);你是个听话的宝宝;老师看到你比昨天进步了;老师知道你是个……的幼儿;老师小时候……

忌语:你怎么回事啊;你怎么又这样啦;你烦不烦啊;讨厌的家伙。

——引自李显仁:《幼儿教师礼仪》,湖南大学出版社2016年版,第93—94页,有删改。

# 参考文献

[1] 国家语委普通话与文字应用培训测试中心.普通话水平测试实施纲要:2021年版[M].北京:语文出版社,2022.

[2] 普通话水平测试研究中心.普通话水平测试专用教材[M].北京:中国人民大学出版社,2024.

[3] 蒋风,杨宁.儿歌论:中国儿歌理论研究[M].杭州:浙江工商大学出版社,2020.

[4] 喻小琴,任莉.学前儿童语言教育与活动指导[M].长春:东北师范大学出版社,2020.

[5] 方卫平.在一本书里躲雨[M].福州:福建少年儿童出版社,2019.

[6] 郑艾明.听话与说话[M].北京:语文出版社,2013.

[7] 江立员,李红.幼儿教师口语[M].南昌:江西高校出版社,2019.

[8] 潘文杰.幼儿教师口语常见问题分析(之三)[J].赤峰学院学报(汉文哲学社会科学版),2009,30(4):109-112.

[9] 冯伟群.幼儿教师临场应变技巧60例[M].北京:中国轻工业出版社,2013.

[10] 陈雪芸.幼儿教师口语训练教程[M].北京:北京师范大学出版社,2014.

[11] 梁燕,余晓霞.幼儿教师口语[M].武汉:华中科技大学出版社,2018.

[12] 宋玮,李哲.幼儿教师口语[M].上海:华东师范大学出版社,2015.

[13] 赵晨霞,熊学敏,苏俭.幼儿教师口语[M].长沙:湖南师范大学出版社,2019.

[14] 叶璐,廖俐,黄海宁.幼儿文学[M].成都:西南交通大学出版社,2020.

[15] 赵银琴,粟健,邓成梅.幼儿文学[M].郑州:河南人民出版社,2020.

[16] 向多佳.幼儿教师必知礼仪规范与易错细节[M].北京:中国轻工业出版

社,2022.

[17] 陈艳. 幼儿教师礼仪基础教程[M]. 北京:北京邮电大学出版社,2012.

[18] 程克英. 幼儿教师礼仪[M]. 重庆:西南师范大学出版社,2017.

[19] 李显仁,李能华. 幼儿教师礼仪[M]. 4版. 长沙:湖南大学出版社,2016.

[20] 庞丽娟,刘占兰. 幼儿园教师专业标准(试行)解读[M]. 北京:北京师范大学出版社,2013.

[21] 唐志华. 幼儿教师礼仪基础教程[M]. 3版. 上海:复旦大学出版社,2020.